Sommernachtsträume

Traumhafte Menüs, Tischdekorationen, Tafelmusik und mehr ...

arsEdition

Impressum

Herausgegeben von Heino Nöbel
unter Mitwirkung von Dr. Monika Prinzessin zu Erbach-Schönberg

Autoren

Rezepte: Klaus-Werner Wagner, Alte Rose Hofheim/Mallorca

Textbeiträge:
Prof. Siegfried Buck, Freiburg; Dr. Monika Prinzessin zu Erbach-Schönberg, Frankfurt am Main;
Barbara Eppelsheimer, Reichelsheim;
Erich Kasberger, München; Dr. Petra Kühne, Frankfurt am Main; Olivia Moogk, Wiesbaden

Redaktion: Annette Kurka, München
Verlagsbüro: Service & Agentur, H. Nöbel, Hofheim
Satz und Gestaltung: Peter Beckhaus, Mainz, und Stefanie Mayr, Donauwörth
Reproduktion: Repro-Mayr, Donauwörth

Bildnachweis:

Archiv für Kunst und Geschichte, Berlin: 45; Bildarchiv Preußischer Kulturbesitz, Berlin: S. 6, 12;
Will Kauffmann, Mallorca: 20; Helga Lade Fotoagentur, Frankfurt am Main: S. 37;
Klaus Lindner, Wiesbaden: 16; Mauritius, Frankfurt am Main: 8/9, 13, 17, 19, 29, 30, 31, 33 (2x), 35, 36, 41, 61;
Heino Nöbel, Hofheim: 44;
Stefanie Mayr, Donauwörth: 50/51, 52, 54/55, 56, 62

Printed in Singapore

ISBN 3-7607-1779-9

Sommernachts Träume

Menüvorschläge

Menü 1 Seite 17–25

Menü 2 Seite 29–36

Menü 3 *Seite 37–44*

Menü 4 *Seite 49–57*

Lachs
tatar mit
Basilikum · K
ohlrabi-Rauke-Salat
mit Schalotten-Thaikno
blauchdressing · Überbacke
ne Kräuter-Crêpes mit Gruyère-Kä
sesauce und Kerbelgrün · Chili-Huhn
mit Sesam-Zuckerschoten · Lauwarme Anan
asscheiben und Datteln in Karamelsauce mit Has
elnusskrokant · Lachstatar mit Basilikum · Kohlrabi-
Rauke-Salat mit Schalotten-Thaiknoblauchdressing · Über
backene Kräuter-Crêpes mit Gruyère-Käsesauce und Kerbelgrün
· Chili-Huhn mit Sesam-Zuckerschoten · Lauwarme Ananasscheiben
und Datteln in Karamelsauce mit Haselnusskrokant · Lachstatar mit Basi
likum · Kohlrabi-Rauke-Salat mit Schalotten-Thaiknoblauchdressing · Überb
ackene Kräuter-Crêpes mit Gruyère-Käsesauce und Kerbelgrün · Chili-Huhn mit Se
sam-Zuckerschoten · Lauwarme Ananasscheiben und Datteln in Karamelsauce mit Hasel
nusskrokant · Lachstatar mit Basilikum · Kohlrabi-Rauke-Salat mit Schalotten- Thaikno
blauchdressing · Überbackene Kräuter-Crêpes mit Gruyère-Käsesauce und Kerbelgrün · Chili
Huhn mit Sesam-Zuckerschoten · Lauwarme Ananasscheiben und Datteln in Karamelsauce
mit Haselnusskrokant · Lachstatar mit Basilikum · Kohlrabi-Rauke-Salat mit Schalot
ten-Thaiknoblauchdressing · Überbackene Kräuter-Crêpes mit Gruyère-Käsesau
ce und Kerbelgrün · Chili-Huhn mit Sesam-Zuckerschoten · Lauwarme Ana
nasscheiben und Datteln in Karamelsauce mit Haselnusskrokant · Lachs
tatar mit Basilikum · Kohlrabi-Rauke-Salat mit Schalotten-Thaik
noblauchdressing · Überbackene Kräuter-Crêpes mit Gruyè
re-Käsesauce und Kerbelgrün · Chili-Huhn mit Sesam-
Zuckerschoten · Lauwarme Ananasscheiben und
Datteln in Karamelsauce mit Haselnusskro
kant · Lachstatar mit Basilikum · Kohlr
abi-Rauke-Salat mit Schalotten-Tha
iknoblauchdressing · Überba
ckene Kräuter-Crêpes mit
Gruyère-Käsesauce un
d Kerbelgrün · C
hili-Huhn
mit Ses

Inhaltsverzeichnis

Burgundisches Gastmahl

Miniatur aus einer französischen Handschrift, um 1470

Einladungen

Einladungen können zu jeder Zeit ausgesprochen werden, vorausgesetzt, Sie haben Spaß an Geselligkeit und Lust auf traumhafte Menüs. Bei einer spontanen Einladung sind die Errungenschaften der modernen Technik Telefon, Fax und E-Mail der einzige Weg, Ihre Gäste rechtzeitig über ihr Glück zu informieren. Unter Freunden wird meist mündlich eingeladen.
Eine schriftliche Einladung dagegen dient Ihren Gästen nicht nur zur Erinnerung, Sie entwerfen mit der Gestaltung Ihrer Karte bereits ein Stimmungsbild. Unter Anwaltskollegen kann das z. B. eine »Ladung zu Gericht« sein, was inhaltlich nicht einmal falsch ist. Wobei Sie hier wohl eher selig als freigesprochen werden. Ihre schriftliche Einladung verschicken Sie zwei bis drei Wochen vor dem Termin. Wie der »Klassiker« (s. Abb. unten und S. 9) sollte auch Ihre persönlich entworfene Einladung alle wichtigen Informationen enthalten: Namen, Anlass, Datum, Uhrzeit, Adresse und Telefonnummer. Mit »u.A.w.g.« wird nicht etwa »um Acht wird gegessen« abgekürzt, sondern »um Antwort wird gebeten«; Frankophilen steht es frei, »r.s.v.p.«, also »respondez s'il vous plait« auf die Karte zu setzen. Wie Sie sich auch entscheiden, wählen Sie Ihren Termin so, dass Sie bei Absage einzelner Gäste andere hinzubitten können. Sicherheitsfanatiker lassen sich den Termin zwei Wochen im Voraus mündlich bestätigen und verschicken ihre Einladung dann mit dem Vermerk »p.m.« (pour mémoire).

Die wichtigsten Ws auf einer Einladung:

Wer lädt ein?
Wen? Mit Partner?
Wozu? Art, Anlass
Wann? Datum, Uhrzeit
Wohin? Adresse, ggf. Wegbeschreibung
Wie? Eventueller Garderobenhinweis

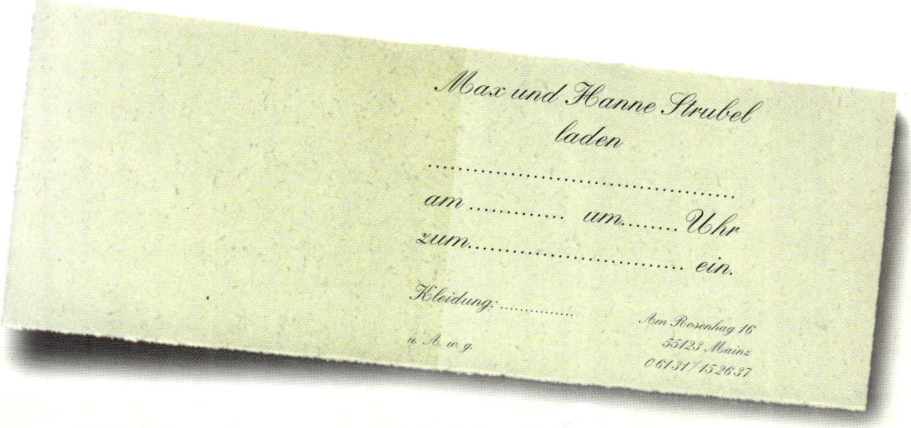

Einladung zum Gabel-Frühstück
Hallo, ihr Lieben!
Kommt ihr zu unserer Gartenparty am 21. Juli ab 18.00 Uhr?
Wir feiern in der Riedstraße 12, das ist 200 m von der Bushaltestelle der Linie 22 in Richtung Innenstadt.
Bitte meldet Euch, falls ihr verhindert seid. Wir freuen uns auf Euch!
Jochen und Ute
Faxabsender: +49 6234 345678 KNUT SCHREMPEL BUDENHEIM 13/07/1998 18:46 S.:1

Hilfe, Chefbesuch!

Heutzutage wirkt diese beliebte Überschrift aus Benimmbüchern der Nierentisch-Zeit anachronistisch. Doch ob es nun die Chefetage, hochkarätige Geschäftspartner oder sonstige gesellschaftliche Verpflichtungen sind, eine Einladung im klassischen Stile sollten Sie »draufhaben«. Vieles, was dabei zu beachten ist, schafft auch im privaten Kreis eine angenehme Atmosphäre, denn »traditionell« ist nicht unbedingt »steif«.
Wählen Sie Ihre Gäste sorgfältig aus und beachten Sie die Empfehlung von Jean Anthèlme Brillat-Savarin: »Du sollst die Zahl Zwölf nicht überschreiten, damit die Konversation stets allgemein bleiben kann.« Im Klartext: Sie müssen nicht Alleinunterhalter Ihrer Ehrengäste sein, bei bis zu zwölf Personen kann noch jeder mit jedem sprechen.
Das Menü wählen Sie je nach Art der Einladung. Meist entscheidet man sich für ein Abendessen. Wer tiefes Vertrauen ins hiesige Wetter hegt, bringt mit einem sonntäglichen Gabelfrühstück im Garten durchaus seine Originalität zum Ausdruck. Die Queen lädt übrigens seit Jahrzehnten unbeirrt zur traditionellen Garden-Party ein, wobei sich das königliche Protokoll zumindest nicht mit der Frage beschäftigen muss, der Sie sich nun stellen sollten: Wen platziere ich wo bei Tisch?
Im privaten Kreis verteilen Sie Ihre Freunde locker um den Tisch, und zwar Damen und Herren abwechselnd. Das machen Sie bei »offiziellen« Einladungen genauso, die »ranghöchsten« Gäste beehren Sie jedoch mit einem Platz an Ihrer Seite: Als Gastgeberin in Deutschland an Ihrer linken, als Gastgeber zu Ihrer rechten. Doch Vorsicht bei ausländischen Gästen! Auf dem internationalen Parkett ist die rechte Seite Ehrensache.
Muten Sie ausländischen Gästen bitte keinen Tischnachbarn ohne Fremdsprachenkenntnisse zu, es sei denn, beide sind Meister der Pantomime. Für alle Gäste gilt: Ihren »Tischherrn« finden die Damen links.

»Handliches« Essen

Bis auf Suppe kann man genau genommen alles mit den Händen essen. Das galt nicht nur im Altertum und im Mittelalter. Noch 1609 speiste die Herzogin von Condé am französischen Hof mit den Händen, wobei sie allerdings Handschuhe trug. Auch Anna von Österreich, die Gattin Ludwigs XIII., nahm lieber ihre Finger zu Hilfe. Erst Maria von Medici, seit 1600 französische Königin, führte die Gabel am Hof ein. Trotz der verfeinerten Tafelkultur isst man heute manches immer noch mit den Händen. Das liegt vor allem daran, dass man den folgenden Speisen gar nicht anders zu Leibe rücken kann, oder haben Sie schon einmal versucht, eine ganze Artischocke mit Messer und Gabel zu essen? Auch Krebse, Hummer, Muscheln und Austern leisten hartnäckigen Widerstand gegen das Besteck. Und eine Wachtel kann man nur mit mikrochirurgischem Gerät elegant zerlegen. Es ist noch gar nicht lange her, da wurde auch Spargel mit den Händen gegessen. Für diese Delikatesse hatte man einen besonderen Balanceakt ausgeklügelt: Spargel am hinteren Ende in die rechte Hand nehmen. Mit der Gabel in der linken die Spargelstange in der Mitte unterstützen und die Spargelstange langsam in den Mund schieben. Aber wehe, der Spargel ist zu weich! Zum Glück darf man heute Messer und Gabel benutzen.

Und übrigens – wer sich so viel nicht merken und dennoch formvollendet essen will, muss nur seine Blicke über den Tisch schweifen lassen. Entdecken Sie dort wassergefüllte Fingerschalen, benutzen Sie Ihre ureigenen Esswerkzeuge. Auch die köstlichen Frühlingsröllchen aus dem Menü Nr. 1 nehmen Sie am einfachsten in die Hand und tunken sie in die Sauce.

Selbst bei einem mehrgängigen Menü fordert Ihnen die Überfülle des Besteckes keine großen Gedächtnisleistungen ab: ***Immer außen anfangen und sich nach innen zum Teller vorarbeiten.*** Einzige Ausnahme: Das Dessertbesteck liegt über Ihrem Teller. Die jeweils passenden Gedecke zu den einzelnen Menüs finden Sie auf der nächsten Seite.

Gedecksets für die vier Menüs

Menü 1

Menü 2

Menü 3

Menü 4

Das Messer benutzt man nur für Speisen, die mit der Gabel nicht zerteilt werden können, wie z.B. Fleisch und bestimmte Gemüse. Dennoch legt man zur Gabel meist das Messer hinzu, so wirkt das Gedeck harmonischer. Jeweils zum Hauptgang wird in der Regel das Besteck neu eingedeckt.

Ins Fettnäpfchen treten

Auf vielen Darstellungen mittelalterlicher Bankette ist am Ende des Saals oft der Spieß, an dem das Fleisch gebraten wurde, zu sehen. Diese Zubereitung auf offener Flamme im »Esszimmer« beschränkt sich heute auf Gerichte wie Fondues und Raclettes.

Auch unser Geschmack hat sich sehr verändert. Moderne Küche setzt auf Leichtigkeit und Bekömmlichkeit. Anders war das im Mittelalter: Hier waren fette Speisen besonders beliebt. Man fing das meiste Fett des am Rost gebratenen Fleisches in Näpfen auf, die am Boden standen. Es galt als besondere Delikatesse. Wer also durch ungeschicktes Laufen oder Auftreten diesen Napf umwarf und das begehrte Fett verschüttete, »trat ins Fettnäpfchen« und konnte sich des Unwillens aller anderen Festteilnehmer sicher sein.

Am Anfang war das Feuer …

Der Mensch ist ein spezialisierter Affe. Das weiss seit Darwin jeder. Die Vorfahren des Menschen ernährten sich wie andere Tierarten von dem, was die Natur ihnen bot. So war Australopithecus robustus, der vor ca. 2,5 Millionen Jahren in Afrika lebte, Vegetarier. Zähne und Unterkiefer zeigen, dass er auf Früchte, Wurzeln und Nüsse spezialisiert war. Andere Vormenschen verachteten, ebenso wie z.B. Schimpansen, ein Stück frisches Fleisch nicht. Manche Forscher meinen sogar, dass gerade die fleischhaltige, energiereiche Nahrung die Entwicklung zum heutigen Homo sapiens gefördert hat. In den vegetationsarmen Gebieten erweiterten unsere Vorfahren ihre »Speisekarte« um Tierfleisch. Doch erfolgreiche Jagd und die Aufteilung der Beute unter allen Sippenmitgliedern war nur in einem sozialen Verband möglich. Ebenso entstanden Hierarchien und Regeln beim Essen, denn hätte jeder gierig und ungeniert zugegriffen, hätte das die Existenz der Gruppe gefährdet. Einen ganz grossen Schritt tat der Steinzeitmensch, als er sich das Feuer zunutze machte. Auch in der Tierwelt ist gemeinsames Jagen und der zeitweilige Gebrauch von Werkzeugen bekannt. Doch alle Tiere haben Angst vor dem Feuer. Mit der Beherrschung des Feuers hatte der Vormensch mehrere Fliegen mit einer Klappe geschlagen: Feuer schützte ihn vor wilden Tieren, Feuer wärmte, im Feuer konnte man Holzwerkzeuge härten und mit Feuer konnte man braten und kochen. Wann und wem das erste Stück Fleisch ins Feuer fiel, wissen wir nicht. In Südfrankreich gibt es Feuerstellen, die gut 500 000 Jahre alt sind. Wenn man bedenkt, dass der moderne Mensch erst seit ca. 100 000 Jahren die Erde bevölkert, dann hat er die wichtigsten Grundlagen der »Zivilisation« mit in die Wiege bekommen.

Neugier, Experimentierfreude und Lust am Essen waren die treibenden Kräfte der Weiterentwicklung des Kochens bis hin zur verfeinerten Kochkunst von heute.

Eine kurze Anleitung zum entspannten, erfolgreichen Kochen

Wählen Sie Ihre Pfannen, Schüsseln und Töpfe immer einige Nummern zu groß!

Sehr oft unterschätzt man die Menge der Zutaten mit dem Ergebnis, dass lästiges Umfüllen nötig wird: Etwas kocht über, ein bis zum Rand gefüllter Topf lässt sich nicht mehr richtig umrühren oder der Herd ist mit Fettspritzern übersät, weil die Pfanne für das Steak zu klein gewählt wurde.

Ein absolutes Muss: Alles, aber auch wirklich alles wird vor der Zubereitung gewürzt!

In aller Regel heißt das, es wird gesalzen und gepfeffert. Das gilt auch für Fisch, Fleisch, Geflügel und Innereien. Warum? Weil das Gewürz vor der Versiegelung der Oberfläche, die beim Anbraten stattfindet, die Möglichkeit haben muss, in das Bratgut einzudringen. Würzen nach dem Anbraten bedeutet zwangsläufig 1 mm zu starken Geschmack und einen ungewürzten Rest!
Ach, noch etwas: Das Märchen vom zähen Stück Fleisch, weil man vor dem Braten gesalzen hat, können Sie vergessen. Probieren Sies aus.
Das Bratgut sollte nach dem Würzen bis zur Zubereitung nicht lange liegen, ca. 3 bis 4 Minuten sind optimal.

Geben Sie niemals Fett in eine kalte Pfanne, einen kalten Bräter oder einen kalten Topf, um es zusammen mit diesen zu erhitzen!

Alle verwendeten Koch- und Bratgeschirre werden vor ihrem Einsatz trocken erhitzt. Erst dann Öl oder Fett zugeben, das nun innerhalb einer Sekunde die richtige Temperatur erreicht.

Wie lange Sie vorheizen, d. h., wie heiß z. B. eine Pfanne werden soll, hängt von Ihrem Vorhaben ab. Möchten Sie ein hauchdünnes Seezungenfilet saftig zubereiten? Klar, hier reicht eine sanfte Temperatur, die die Butter zum Schmelzen bringt. Eine Lammkeule von guten 3 kg erfordert schon ganz andere Energien, um auch wirklich die erwünschten Röststoffe freizusetzen. Es wäre schade um das schöne Stück Fleisch, wenn das Bratgeschirr zu kalt ist und die wundervolle Lammkeule statt wie gewünscht zu braten, in einen Kochvorgang übergeht, der das Fleisch zwangsläufig völlig auslaugt.
Notwendige Hinweise für den jeweiligen Bratvorgang finden Sie in unseren Rezepten.

Kaufen bzw. verwenden Sie nur das Beste!

Das Endergebnis Ihrer Kochbemühungen wird maximal so gut sein wie die von Ihnen verwendeten Zutaten. Das soll nicht heißen, es ließe sich nur mit teuren Luxusprodukten ein tolles Essen zubereiten. Oft ist genau das Gegenteil der Fall. Ganz einfache Produkte, ein tagesfrischer Salat, ein Hähnchen vom Bauern, die Kräuter aus dem eigenen Garten liefern bei gekonnter Zubereitung ein himmlisches Essen. Auch Tiefkühlgemüse ist zulässig. Aber bitte Finger weg von Dosen, Fertigsaucen und sonstigen Industrieprodukten, die unendlich weit vom natürlichen Geschmack entfernt sind. Solche Dinge verschaffen zwar Sättigung, aber niemals Genuss!

Ihr Klaus-Werner Wagner

Vom Sinn des Würzens

Schon lange weiß die Menschheit von der Wirkung der Gewürze. Im alten Ägypten kannten die Priester und Pharaonen den Wert der Gewürze sehr genau, wenn sie ihre Speisen mit den edelsten Sorten verfeinerten.

Auch im Mittelalter hatte man ein größeres Wissen über das Würzen, als wir es heute haben. Vor allem die Benediktinermönche pflegten den Gewürzpflanzenanbau. Sie waren es auch, die die ersten Kräuterbücher verfassten.
Pfeffer wurde früher wie Gold gehandelt. Er diente als Zahlungsmittel, und an den Grenzen hatte man den Pfefferzoll zu entrichten.

Warum spielen Gewürze für den Menschen eine so große Rolle? Warum spricht uns eine geschmacklose Speise nicht an?

Stellen Sie sich ein Gericht vor, das mit so feinen Gewürzen wie Curry, Salbei, Basilikum, Kurkuma oder Koriander gewürzt wurde: Unser Geschmackssinn fängt sofort an zu reagieren, das Wasser läuft uns im Mund zusammen. Die Verdauungssäfte werden angeregt, die Nahrung wird bekömmlicher. Beim Verzehren einer herzhaft gewürzten Speise erfahren wir, wie das Essen zum Erlebnis werden kann. Unsere Nerven und Sinne werden angesprochen, wir werden wacher und nehmen bewusster wahr. Schon die Menschen im Mittelalter haben das erkannt und schrieben z. B. über die Zitronenmelisse: »Sie macht den Menschen schnellen Sinn, einen scharfen Verstand und gutes Gedächtnis.«

Feurige Gewürze

Pfeffer

Der ursprünglich aus Indien stammende Pfeffer zählt zu den beliebtesten Gewürzen in der Küche. Sein in Speisen brennender, scharfer und dominierender Geschmack lässt alle weiteren Aromen verblassen. Behutsamkeit beim Würzen ist angeraten. Durch die Schärfe des Pfeffers werden die Verdauungssäfte angeregt. Er wird z. B. auch bei Erkältungen und Halsschmerzen als Tee empfohlen. Man unterscheidet:

- schwarzen Pfeffer, der frühreif geerntet und nachgetrocknet wird. Er schmeckt am schärfsten und intensivsten von allen Pfeffersorten.
- weißen Pfeffer, der vollreif geerntet und fermentiert wird, so dass sich die Fruchtschale ablöst. Weißer Pfeffer ist mild im Geschmack.
- grünen Pfeffer, der unreif gerntet und in Salzlake eingelegt wird. Er schmeckt mild und fruchtig.
- rosa Pfeffer, der von einer anderen Pflanze stammt (Brasilianischer Pfefferstrauch). Er schmeckt etwas harzig und sollte nur in kleinen Mengen verwendet werden, da er in größeren giftig ist.

Chili

Rot, spitz, schmal, züngelnd wie eine Stichflamme, so zeigt sich die Chilischote. Von milder Schärfe bis feurig brennend ist ihr Geschmack. Chilipulver, aus getrockneten und gemahlenen Schoten hergestellt, wird zum Würzen von Gemüsen, feurigscharfen Fleischgerichten und vielen anderen Speisen verwendet. Mit seinen Inhaltsstoffen wirkt Chili dem Herzinfarkt und der Thrombose entgegen, er regt die Stoffwechseltätigkeit an und fördert die Durchblutung aller Organe in angenehmer und wohliger Weise. Schärfestoffe lassen das Gehirn vermehrt »Glückshormone« ausschütten.

Vorbemerkungen zu den Rezepten

Vorarbeiten wie z. B. das Waschen von Salat, Putzen von Lauch etc. werden im Rezept nicht gesondert aufgeführt. Wenn keine anderen Angaben gemacht werden, dürfen Gemüse wie z. B. Möhren, Knoblauch etc. auch mit Schale, gesäubert und in einwandfreiem Zustand, verwendet werden.

Zutaten werden nur dann genauer spezifiziert, wenn sie für das Rezept von Bedeutung sind, z. B. trockener Rotwein, sonst heißt es einfach Rotwein.

Pfeffer sollte immer frisch gemahlen, Muskatnuss frisch gerieben verwendet werden. Für die Kräuter gilt ebenfalls: Sie müssen frisch sein, es sei denn, es werden andere Angaben gemacht.

Spezielle Zubereitungsformen und viele Beilagen werden am Ende des Buches genauer erläutert und sind im Text entsprechend erwähnt. Grundrezepte (z. B. verschiedene Fonds) werden ebenfalls dort aufgeführt.

Alle Rezepte sind für vier Personen ausgelegt.

Sie können im Rahmen der Rezepte frei experimentieren, einzelne Zutaten lassen sich nach Ihrem persönlichen Geschmack austauschen oder können ganz weggelassen werden. Die Mengenangaben brauchen Sie nicht grammgenau oder cl-genau zu beachten. Die Gerichte gelingen auch nach der »Pi-mal-Daumen-Methode«! Sollte etwas für das Gelingen des Gerichts absolut wichtig sein, so steht es auch unmissverständlich im Rezept.

Viel Spaß beim entspannten, genussvollen Kochen!

Herzlichst
Ihr Klaus-Werner Wagner

PS: Die Rezepte und Hinweise zu den Beilagen, Saucen usw. finden Sie auf den Seiten 63-70, die »Geschichte der 80-°C-Tiefgarmethode« auf S. 71!

Abkürzungen:

TL = Teelöffel
EL = Esslöffel
g = Gramm
ml = Milliliter
cl = Centiliter
Min. = Minuten
Std. = Stunden

MENÜ 1

Lieber kein Fleisch haben
als an einem Platz wohnen,
wo es keinen Bambus gibt.
Ohne Fleisch wird man nur dünn,
ohne Bambus aber gemein.

Su Dong po

Amuse-gueule

Frühlingsröllchen mit Tofu-Sprossen-Füllung
und Soja-Rettich-Sauce

Vorspeise

Sülze von Frühlingsgemüsen
mit Brennnessel-Vinaigrette

Zwischengericht

Fritierte Ricotta-Ravioli

Hauptgericht

Kalbsrücken in roter Schalottensauce
und Mandelbrokkoli

Dessert

Pochierte Schwarzkirschen mit Pumpernickeleis

Wer
essen will,
soll den Koch
nicht beleidigen.

Cho-Wen-chün

Frühlingsröllchen mit Tofu-Sprossen-Füllung und Soja-Rettich-Sauce

Vorbereitung: 20 Minuten
Zubereitung: 10 Minuten

Das brauchen Sie für die Frühlingsröllchen:

4 Reisteigblätter (erhältlich in Asia-Läden)
200 g Tofu oder Räuchertofu, in kleine Würfelchen geschnitten
100 g Soja-Sprossen
2 EL Sesamöl
1 EL Reiswein (Sake)
1 EL Reisweinessig (oder einen anderen würzigen Essig, z. B. hellen Sherryessig)
1 gestrichenen TL Zucker
1 TL Ingwer, fein gehackt
1 kleine Chilischote, ohne Kerne und in feine Ringe geschnitten
1 Ei
Fett zum Fritieren oder Braten

Das brauchen Sie für die Soja-Rettich-Sauce:

3 EL Sojasauce
1 EL Sesamöl
50 g weißen geriebenen Rettich
3 EL Sherry, trocken
1 Knoblauchzehe, fein gehackt
¼ Stange (ca. 50 g) Lauch, in ganz feine Ringe geschnitten
1 TL Zucker

So wirds gemacht:

Den Tofu, 1 EL Sojasauce, 1 EL Sesamöl, 1 TL Zucker, Reiswein, Reisweinessig, Ingwer und Chili in einer Schüssel gut vermengen. Die Reisteigblätter 1–2 Minuten in kaltem Wasser einweichen. Aus dem Wasser nehmen, abtropfen lassen und auf die Arbeitsfläche legen.

Die Sprossen-Füllung in die Mitte der Reisteigblätter geben und die Ränder mit dem verquirlten Ei bestreichen. Das vordere Ende eines Reisteigblattes über die Füllung schlagen. Nun links und rechts zur Mitte hin einschlagen und zusammenrollen. Die fertig geformten Frühlingsröllchen entweder ca. 2 Minuten in heißem Fett fritieren oder in einer Pfanne bei mittlerer Hitze in wenig Fett von beiden Seiten knusprig ausbacken. Das dauert pro Seite etwa 2 Minuten.

Für die Sauce Sesamöl, Sojasauce, geriebenen Rettich, Sherry, Knoblauch und Lauch in einer Schüssel mit dem Schneebesen verrühren und mit Zucker abschmecken.

Anrichten:

Die Soja-Rettich-Sauce in kleine Schälchen füllen und jedem Gast getrennt zu der auf einem vorgewärmten Teller servierten Frühlingsrolle reichen. Wenn Sie möchten, können Sie Ihr Amuse-gueule noch schön asiatisch ausdekorieren.

Worauf Sie achten sollten:

Die Reisteigblätter nur so lange im Wasser liegen lassen, bis sie elastisch werden. Den Teig behutsam handhaben, da leicht Risse entstehen. Um eine dickere Teigschicht zu erhalten, die schön knusprig aufbäckt, nehmen Sie pro Frühlingsrolle einfach zwei Reisteigblätter.

Sülze von Frühlingsgemüsen mit Brennnessel-Vinaigrette

Vorbereitung: 10 Minuten
Zubereitung: 2 Stunden incl. Kühlen

So wirds gemacht:

Alle Gemüse waschen, putzen und in gleich große Stücke schneiden. Die Gemüsebrühe mit 1 TL Weinessig und 2 EL Wein erhitzen, die Gemüse darin nacheinander »al dente« garen und anschließend in Eiswasser abschrecken, um eine intensive Farbe zu erreichen. Die Spinat- oder Mangoldblätter im Ganzen ebenfalls wie beschrieben vorbereiten und auf einem Küchentuch trocknen. Eine Kastenform mit Klarsichtfolie ausschlagen. Die Gelatine in kaltem Wasser einweichen, ausdrücken und vorsichtig in einem Topf erhitzen und glatt rühren. Die Kastenform dünn mit Gelatine ausgießen. Die Spinat- oder Mangoldblätter in die Kastenform legen und das übrige Gemüse dicht in die Form schichten. Die restliche Gelatine mit der auf ca. 60 °C abgekühlten Gemüsebrühe verrühren und an einem kalten Ort so weit abkühlen lassen, bis eine erste leichte Gelierung erkennbar ist. Nun die Kastenform mit der gelierten Gemüsebrühe aufgießen und im Kühlschrank in ca. 5–6 Std. fest werden lassen.

Anrichten:

Die Zutaten für die Vinaigrette mit dem Schneebesen glatt rühren. Die Sülze aus der Kastenform stürzen, die Klarsichtfolie entfernen und die Sülze mit einem sehr scharfen Messer in Scheiben schneiden. Pro Person eine Scheibe in die Mitte eines kalten Tellers legen. Mit der Brennnesselvinaigrette umgießen und mit kleinen Salatblättchen, Kräuterzweiglein, Brennnesselspitzchen o. Ä. garnieren. Als Beilage eignet sich knusprig gebackenes Stangenweißbrot.

Das brauchen Sie für die Sülze:

500 g bunt gemischtes Gemüse der Saison, z. B. Zucchini, Möhren, Zuckererbsen, weiße Rübchen, Mangold oder Spinat
½ l Gemüsebrühe, selbst gemacht oder aus Brühwürfeln (Reformhaus, Bioladen)
7 Blatt weiße Gelatine oder alternativ die entsprechende Menge eines pflanzlichen Geliermittels, z. B. Agar-Agar

Das brauchen Sie für die Brennnessel-Vinaigrette:

Eine Tasse fein gehackte, junge Brennnesselblätter
3 EL Obstessig
Saft einer kleinen Zitrone
6 EL Pflanzenöl (z. B. Olivenöl)
2 EL trockenen Weißwein
1 Knoblauchzehe, in feine Würfel geschnitten
Meersalz
Pfeffer aus der Mühle
1 TL Zucker

Zwischengericht

Vorbereitung: 25 Minuten (ohne die Herstellung des Nudelteigs)
Zubereitung: 20 Minuten

Fritierte Ricotta-Ravioli

Das brauchen Sie:

200 g Nudelteig
(siehe Grundrezept Seite 66)
150 g Ricotta-Käse
je 2 EL grüne, gelbe und rote Paprika in sehr feinen Würfeln
1 Prise Meersalz
etwas Pfeffer aus der Mühle
1 abgestreiften Thymianzweig
1 Knoblauchzehe, fein gehackt
2 EL Olivenöl

So wirds gemacht:

Entweder Sie rollen den Nudelteig mit einem Nudelholz *hauchdünn* aus, oder Sie bedienen sich einer Nudelmaschine und walzen damit den Nudelteig in Einzelportionen zu je 50 g bis auf Stufe »6« der Skala zu schönen Teigplatten aus. (Vorsicht bei Stufe »7«, die ist etwas für die absoluten Könner!)

Die ausgerollte Teigplatte auf eine bemehlte Arbeitsfläche legen. Die oben aufgeführten Zutaten in einer Schüssel gut vermengen, abschmecken und mit dem Kaffeelöffel kleine Häufchen auf die Teigplatte setzen. Bitte nur bis zur Mitte des Teigfladens arbeiten. Die andere Teighälfte wird darüber geschlagen und die frei bleibenden Flächen zwischen den Füllungen werden mit den Fingern gut festgedrückt. Wenn Sie die Teigplatten zügig mit der Füllung belegen und sofort zusammenfalten, hat der frische Teig ausreichend Klebkraft und muß nicht extra mit Ei bestrichen werden.

Die Ravioli entweder ausstechen oder mit dem Teigrädchen teilen und in heißem Fett fritieren.

Tipp:

- Zu den fritierten Ravioli passt sehr gut ein Rucola-Salat mit Pinienkernen.
- Die Füllung können Sie beliebig abwandeln, und sogar den Ricotta-Käse können Sie ganz leicht selbst herstellen:
  1 Liter Vollmilch mit dem Saft einer Zitrone zum Kochen bringen, in ein feines Sieb schütten und gut abtropfen lassen. Fertig!
- Die Ricotta-Ravioli können Sie ebenso gut in Salzwasser garen und mit einer feinen Sauce servieren.

Ricotta ist ein quarkähnlicher Frischkäse aus Kuh-, Schaf- oder Ziegenmilch mit 20 % Fettgehalt.

Worauf Sie achten sollten:
Wenn der Teig stimmt, kann nichts schief gehen. Bitte arbeiten Sie genau nach unserem Nudelteig-Grundrezept!

Gastmähler, Gelage, Ladungen und Einladungen

Würden Sie Ihre ärgsten Widersacher zu Tisch bitten? Wohl kaum, denn zum Essen umgibt man sich mit Freunden. So hielten es schon die alten Griechen, wobei weniger die servierten Köstlichkeiten als vielmehr die geistig-philosophischen Tischgespräche im Mittelpunkt des Gastmahls standen, wie uns Platon (4./5. Jh. v. Chr.) berichtet. Diese gelehrten Gastmähler waren bis auf die Hetären, eine Art gebildeter Mätressen, frauenfreie Veranstaltungen.

Berühmt für ihre Gelage waren die Römer. Übrigens lag man tatsächlich beim Essen. Wer meint, dass die staunenden Germanen daraufhin sogleich das Wort »Gelage« erfunden hätten, irrt. Erst im 14. Jahrhundert spricht man am Niederrhein von einem »geloch, geloyg« und meint damit »Zusammengelegtes«, zu dem jeder etwas beitrug. Im frühen Mittelalter sollte das gemeinsame Mahl Bündnisse und Frieden stiften, es hatte rituellen und rechtlichen Charakter. Entsprechend der damaligen Gesellschaftsordnung waren auch diese Mähler reine Männersache.

Die Aufnahme in die Tischgemeinschaft verpflichtete zu einem bestimmten Verhalten gegenüber den Tischgenossen, wie wir aus König Artus' Tafelrunde wissen.

Heinrichs IV. legendärer Gang nach Canossa wurde mit einem gemeinsamen Mahl der beiden Widersacher abgeschlossen. Allerdings zeigte Heinrich IV. wenig Friedenswillen gegenüber dem Papst: Er rührte die aufgetischten Köstlichkeiten nicht an, kratzte mit den Fingernägeln auf der Tischplatte und sprach fast nichts.

Dass man später ein Gastmahl gerne zum Anlass nahm, missliebige Gegner und Verwandte mit vergifteten Speisen zu entsorgen, ist eine dunkle Seite in der Geschichte der Tafelfreuden. So trank man in Italien zur Zeit der Medici das Glas Wein nicht aus, in der Hoffnung beigemischte Gifte würden sich im Rest absetzen. Diesen »Schluck der Borgias« werden Ihre Gäste nicht beherzigen müssen. Sie werden auch nur in Ausnahmefällen reine Herrengesellschaften geben. Dafür, dass sich Ihre Gäste nicht wie Heinrich IV. benehmen, sorgen die Rezepte und Ihre Lust am Kochen und Einladen.

Kalbsrücken in roter Schalottensauce und Mandelbrokkoli

Vorbereitung: 30 Minuten
Zubereitung: 75 Minuten

Das brauchen Sie für Kalbsrücken und Schalottensauce:

800 g Kalbsrücken am Stück, ohne Knochen und Sehnen
5 EL Öl zum Braten
200 ml hellen Fond (Gemüse, Kalb oder Huhn, siehe S. 68)
250 ml Rotwein
250 ml roten Portwein
100 g Butter
3 mittelgroße Schalotten, in feine Würfel geschnitten
Meersalz
Pfeffer aus der Mühle

So wirds gemacht:

Den Kalbsrücken mit Salz und Pfeffer würzen und mit 2 EL Öl einreiben. Einen Bräter vorheizen. 3 EL Öl in den Bräter geben. Den Kalbsrücken in ca. 5 Minuten von allen Seiten anbraten und für 15 Minuten im Bräter in den auf 200 °C vorgeheizten Backofen geben (Umluft). Danach das Thermostat auf ca. 75 °C einstellen, die Backofentür öffnen und in ca. 10 Minuten auf die gewünschte Temperatur von 75 °C herunterkühlen. Nun den Kalbsrücken bei geschlossener Backofentür weitere 45 – 60 Minuten sanft fertig garen.

Inzwischen können Sie die Schalottensauce fertig stellen:

Sie dünsten die Schalottenwürfel zusammen mit der Butter in einer Sauteuse hellbraun an. Anschließend mit dem Fond ablöschen, Portwein und Rotwein zufügen und auf ca. die Hälfte einkochen lassen. Diese Sauce mit Salz und Pfeffer abschmecken und, falls eine sämigere Konsistenz gewünscht wird, mit wenig Mehlbutter (s. S. 70) andicken.

Das brauchen Sie für den Mandelbrokkoli:

12 geputzte Brokkoliröschen, die Stiele auf ca. 2 cm geschnitten
50 g Mandelsplitter
½ Kaffeetasse Wasser
50 g Butter
Meersalz

So wirds gemacht:

Die Mandelsplitter in einer Pfanne ohne Öl hellbraun rösten, aus der Pfanne nehmen und warm halten. Das Wasser und die Butter in die Pfanne geben, wenig Salz zufügen und den Brokkoli in dieser Mischung in ca. 3 Minuten knackig garen. Am Ende der Garzeit sollte das Wasser völlig verdampft sein.

Anrichten:

Vorgewärmte Teller bereitstellen. Vom Kalbsrücken pro Person zwei Scheiben abschneiden und in der Tellermitte platzieren. Die rote Schalottensauce als Spiegel um das Fleisch angießen, Brokkoli am Tellerrand anlegen und mit den gerösteten Mandelsplittern garnieren.

Tipp:
Dazu passen am besten Semmelknödel aus der Röhre oder Kartoffelgratin (siehe Rezepte S. 65).

Gewürze und Kräuter in der Küche

Die Kräuter werden – wenn nötig – gewaschen. Es sollte wenig Wasser hängen bleiben, das Aroma würde sonst geschwächt. Zum Schneiden benutzt man ein scharfes Messer oder eine Schere (z. B. für Schnittlauch). Für viele Kräuter wie Petersilie oder Kerbel ist ein Wiegemesser zu empfehlen, da die Blätter sich damit sehr fein zerkleinern lassen.
Üblicherweise schneidet man die Kräuter auf einem Holzbrett. Noch besser ist es, ein Marmorbrettchen oder eine Glasunterlage zu verwenden, da bei diesen Materialien der Kräutersaft nicht in die Poren eindringen kann.

Frisch oder getrocknet – ganz oder gemahlen?

Kräuter schmecken frisch am besten. Einige Arten wie Petersilie, Schnittlauch oder Boretsch sollte man nur frisch verwenden, da sie beim Trocknen zu sehr an Aroma verlieren. Andere Kräuter wie Thymian, Rosmarin, Oregano oder Liebstöckel sind auch getrocknet noch aromatisch. Bei getrockneten Gewürzen ist darauf zu achten, möglichst ganze Blätter oder gerebelte Kräuter zu kaufen. Letztere sind nur grob zerkleinert. Vor dem Benutzen kann man sie in einer Mühle mahlen oder zwischen den Fingern zerreiben, das Aroma tritt hierbei intensiv hervor.
Samengewürze wie Kümmel, Dillfrüchte, Piment oder Fenchel kauft man am besten unzerkleinert. Tropische Wurzelgewürze sind ebenfalls als Ganzes erhältlich. Ingwer wird als Wurzel bei Gebrauch mit einer feinen Reibe zerkleinert. Ähnliches gilt für Muskatnuss, für die es eine extra Reibe oder Mühle gibt.
Ein Rindengewürz wie Zimt kann man z.B. für Apfelmus oder Milchreis als ganze Stange zum Auskochen verwenden. Es lässt sich auch in einer Mühle zerkleinern.
Die Orchideenfrucht Vanille ist als Stange erhältlich. Sie gibt ihre Würze durch Auskochen z.B. in Milch oder durch Einlegen ab. Mahlen ist aufgrund der klebrigen Struktur dieses Gewürzes nicht empfehlenswert.
Die im Handel gekauften gemahlenen Gewürze behalten durch die moderne Vakuumverpackung bis zum Öffnen ihr volles Aroma – dann sollten sie aber zügig aufgebraucht werden.

Knoblauch

Knoblauch ist ein »Star« unter den Gewürzen! Bekannt seit der Antike, ist er ein vielseitiges Würz- und heilendes Wundermittel. Er gibt mit seinem typischen und scharfen Geschmack den Speisen den besonderen »Kick«, das gewisse Etwas. Seine ätherischen Öle wirken stärkend und entzündungshemmend, sowie antibakteriell auf den Magen- und Darmbereich. Knoblauch schmeckt nicht nur gut, er besitzt auch eine positive Auswirkung auf die Blutfließfähigkeit und auf den Cholesterin-Spiegel.
Allerdings hat Knoblauch auch eine unangenehme Eigenschaft. Die ätherischen Öle dieser Zwiebel werden nicht restlos über den Darm verdaut, wir scheiden sie auch über die Hautporen aus.
Einige Stängel Petersilie, ein Glas Milch oder Rotwein sollen diesen »Duft« vertreiben.

Vorbereitung: 40 Minuten
Zubereitung: einige Stunden, je nach Leistungsfähigkeit der Eismaschine

Pochierte Schwarzkirschen mit Pumpernickeleis

Das brauchen Sie für die Sauerkirschen:

400 g vollreife Schwarzkirschen
⅛ l Portwein, rot
2 cl Kirschwasser
1 TL Speisestärke

Das brauchen Sie für das Pumpernickeleis:

6–8 Eigelbe
125 g Puderzucker
3 EL Wasser
200 ml Vollmilch
1 Vanillestange, längs aufgeschnitten, schwarze Samen ausgeschabt
1 Idee Salz
70 g Pumpernickel
300 ml süße Sahne

Bitte besonders beachten:

- Die Eigelbe müssen so lange aufgeschlagen werden, bis die Creme richtig fest wird, damit sich die Eigelbcreme nicht wieder trennt.
- Bitte auch das anschließende Kaltrühren nicht vergessen, es ist ebenfalls wichtig für die Bindung.

So wirds gemacht:

Die Kirschen entsteinen, den Portwein aufkochen, die Speisestärke mit dem Kirschwasser verrühren und in den heißen Portwein einrühren, kurz köcheln lassen, vom Feuer nehmen, die Kirschen darin warmziehen lassen.

Für das Pumpernickeleis Eigelbe, Puderzucker und Wasser in einem Schlagkessel über dem Wasserbad zu einer dicklichen Creme aufschlagen und anschließend auf einer Schüssel mit Eiswasser kalt rühren. Milch, ausgekratzte Vanillesamen und Vanillestange, Salz und Sahne aufkochen. Die Vanillestange herausnehmen, Pumpernickel fein zerbröselt in die Milch geben. Diese Mischung wird jetzt zusammen mit der Eigelbcreme unter ständigem Rühren bei mäßiger Hitze erwärmt, bis eine cremige Bindung entstanden ist. Bitte sofort in eine Schüssel gießen und anschließend in der Eismaschine gefrieren.

Falls Sie über keine Eismaschine verfügen, füllen Sie die Eismasse einfach in ein schlankes Gefäß und stellen dieses in Ihren Tiefkühler. Während des Gefrierens die Eismasse bitte ab und zu mit dem Stabmixer durcharbeiten, damit das Eis cremig wird.

Zum Anrichten setzen Sie je zwei bis drei Kugeln Eis auf einen Teller. Dann geben Sie eine Portion der noch warmen Kirschen darüber.

Tipp:
Spülen Sie die ausgekochte Vanillestange ab und trocknen Sie sie. Damit lässt sich in einem Schraubglas mit Zucker der herrlichste Vanillezucker herstellen.

Amuse-gueule

Frischer, trockener Sekt

zusätzlich aromatisiert

Sekt mit Ingwerlikör
Sekt mit Limonenlikör
Sekt mit Holundersaft

Zubereitung:

Entweder in jedes Sektglas ein wenig Likör füllen und dann den gekühlten Sekt kurz vor dem Servieren aufgießen oder die Mischung in einer schönen Karaffe vorbereiten und in den Kühlschrank stellen.

Tipp: Mischungsverhältnis vorher ausprobieren!

Hauptgericht

MITTELKRÄFTIGER, AROMATISCHER

ROTWEIN

BEAUJOLAIS, BURGUNDER, SPÄTBURGUNDER
AUS SÜDBADEN ODER VON DER AHR
LEMBERGER AUS WÜRTTEMBERG

Tipp: Alle leichten Rotweine auf ca. 12–15 °C kühlen. Der Wein wird im Glas ohnehin wärmer und kann sich entfalten. Deutsche Rotweine, die im Barrique (Eichenholzfass) gereift sind, sind in der Regel etwas kräftiger als die »normalen«.

Vorspeise

LEICHTER, NEUTRALER, TROCKENER

WEISSWEIN

SILVANER AUS WÜRTTEMBERG
ODER AUS DEM ELSASS,
GUTEDEL AUS SÜDBADEN

Für säuerliche Speisen (mit Zitronensaft oder Essig) ist die Weinwahl nicht einfach. Am besten nimmt man einen leichten Wein mit neutraler Geschmacksrichtung – oder bietet eine Wasser-Runde an.

Zwischengericht

ROSÉ oder TROLLINGER

Rosé aus Südfrankreich (Listel, Bandol)
Rosato aus Italien (Veneto, Friaul)
Rosé aus Spanien (Penedes)
Trollinger aus Württemberg

Ein ***Rosé*** wird aus Rotweintrauben hergestellt. Die Beerenhäute werden dann aus dem Traubenmost entfernt, wenn er die gewünschte Farbe hat. Der Rosé wird *mild* und *füllig*, wenn er einem biologischen Säureabbau unterzogen und die aggressive Äpfelsäure zur milden Milchsäure wird. *Ohne* den Abbau bleibt er *fruchtig* und *frischer*.

Dessert

Schwerer, roter

SÜSSWEIN

1692

Portwein
(ist schon im Gericht enthalten)
Recioto aus Valpolicella
oder Passito aus Pantelleria
(Beide Weine werden aus angetrockneten Trauben hergestellt und enthalten eine natürliche Restsüße!)

Feng Shui für Küche, Köche und Gäste

»Wind und Wasser – Feng und Shui bereichern das Mahl«

Himmel und Erde vereinigen sich,
und es regnet süßen Tau.
Und in Harmonie sind
Menschen wie Musik,
ohne dass sie wissen
warum.

Aus dem Tao Te Ching
von Laotse

Lebensenergie

Ein liebevoll zubereitetes Gastmahl, eine schöne Dekoration, Musik und Tischreden sind dazu geeignet, Himmel und Erde beim Essen zu vereinen. Die Küche als Raum wird oft unterbewertet, nichts sollte hier dem Zufall überlassen bleiben. Richten Sie sich die Küche mit *Feng Shui* ein, kochen und dekorieren Sie nach Lust und Laune! Es gibt eine Reihe von Vorschlägen, den Bereich der Küche mit *Chi*, der wertvollen Lebensenergie, anzureichern. Man benötigt zunächst gute Luft *(Feng)* und Wasser *(Shui)*, um die nötige Essenz des Lebens, *Chi* genannt, bereitzustellen. Verbrauchte Luft ist ein *Chi*-Alptraum! Deshalb ist ein Fenster, das geöffnet werden kann, ein wunderbares *Feng Shui.* Zumal, wenn es in den richtigen *Feng-Shui*-Maßen, mit einem schönen Ausblick, mit Blumen- oder Kräuterdekorationen dazu beiträgt, sich beim Kochen wohl zu fühlen. Sorgen Sie dafür, dass Ihr Arbeitsplatz hell und sauber ist. Dann ist der Weg zu kreativem und schöpferischem Kochen frei. Nichts sollte im Wege sein, die Arbeitsflächen sollten frei sein und die Bilder und Gegenstände zum Küchenthema passen. Eine Lampe mit gelbem Lampenschirm wird die Erdenergie verstärken und die wohlige Wärme der Küche unterstreichen.

Licht und Farbe

Zusätzlich zum Tageslicht regt ein orangegelber Farbton die Lymphe an und fördert den Appetit. Ob die Farbe in Form von Geschirr, Platzdeckchen oder an den Wänden sichtbar wird, bleibt Ihnen überlassen. Sollten Sie zum Orange etwas Appetitzügelndes einsetzen wollen, so wählen Sie eine Dekoration in Blau. Aber auch Weiß ist eine gute Farbe im *Feng Shui*, weil es die Farben der Lebensmittel zur Geltung bringt. Apropos Farbe: Hängen Sie kleine Kristallkugeln in das Fenster und die Sonne wird ihre Farben in die Küche zaubern. Vermeiden Sie der Gesundheit abträgliche Neonröhren. Sie lassen nicht nur Sie selbst, sondern auch die Speisen in ungünstigem Licht erscheinen. *Feng Shui* achtet darauf, dass künstliches Licht weder blendet noch zu »funzelig« ist. Bedenken Sie: Licht zaubert eine Stimmung und die kochen Sie in das Essen hinein!

Fünf Elemente

In der Küche befinden sich alle fünf Elemente: Feuer (der Herd), Wasser (die Spüle), Metall (die Kochtöpfe), Holz (die Kochlöffel) und Erde (die Nahrung). Metall in Form von kupfernen Kuchenformen an der Wand sind ein gutes Omen für den Reichtum der Familie und halten unerwünschte *Sha-Chi*-Energien fern! Sorgen Sie auch für nicht an der Wand sichtbare, aber scharfe Messer. Denn ein glatter, sauberer Schnitt mit dem Messer zeigt Klarheit und Ordnung des Kochenden an, während die stumpfe Schneide harte Energie in die Mahlzeit einbringt.

Wasser muss es reichlich in der Küche geben. Es sollte von reinster Lebensenergiequalität sein und schließt den Kreislauf der Elemente. Platzieren Sie Wasser möglichst nicht direkt neben dem Herd und auch nicht in gerader Linie gegenüber, denn Wasser löscht Feuer!

Das Herd-Glück

Kocht und brodelt es auf dem Herd, dann wird der Raum mit Leben – dem wundervollen *Chi* – erfüllt. Besonders wichtig ist dabei für jeden Koch der Herd. Die Aufstellung des Herdes wird im *Feng Shui* von einem *Feng-Shui-Meister* mit dem *Lo Pan* (chinesischer *Feng-Shui-Kompass*) nach dem Geburtshoroskop ermittelt.

Sie können ein einfaches Mittel des *Feng Shui* benutzen, um Glück und gutes Gelingen über den Herd anzuziehen: Stellen Sie hinter den vier Platten des Herdes einen Spiegel oder ein Metalltablett auf. Statt vier Herdplatten haben Sie auf diese Art und Weise acht Platten gezaubert! Vier bedeutet Widerstreit und harte Arbeit. Acht ist die Zahl des Erfolgs und des Glücks und Reichtums!

Im *Feng Shui* ist die Aufgabe des Herdes mit der des Herzens im menschlichen Körper vergleichbar. Von hier aus werden die Gefühle beeinflusst und die Familie und die Gäste mit Nahrung versorgt.

Kochen füllt den Raum mit Leben – dem wundervollen *Chi*. Außerdem hält der Herd die Familie, nach chinesischer Philosophie, zusammen. Wird der Herd kaum benutzt, so fehlt es der Familie an innerer Wärme, die Gefühle kühlen ab und die Familienmitglieder zerstreuen sich.

Positives Denken

Als nächstes achten Sie auf »Positives Denken« beim Kochen! Ihre Gedanken lassen sich schmecken, riechen und sehen! Der Koch oder die Köchin trägt durch positives Denken zum Gelingen des Mahles in erhöhtem Maße bei. Der Geruch weckt auch Erinnerungen: vielleicht an ein gutes Mahl bei Mutter oder Großmutter. Je positiver diese Erinnerungen sind, umso förderlicher ist das für die Stimmung. Auch der Duft beim Kochen regt die Geruchszellen und den Speichelfluss an, erfüllt die Räume mit Vorfreude und sorgt so für eine gute Chemie im Körper und neue Dufterinnerungen.

KULINARISCHES ÜBERLEBENSTRAINING FÜR MANAGER:

DIE STEINZEITSUPPE

DAS BRAUCHEN SIE:

FLEISCH UND EIN ABGEZOGENES FELL EINES SELBST ERLEGTEN STÜCKS WILD
KRÄUTER
WASSER
STEINHACKE
EIN PAAR GRÖSSERE STEINE
HOLZ

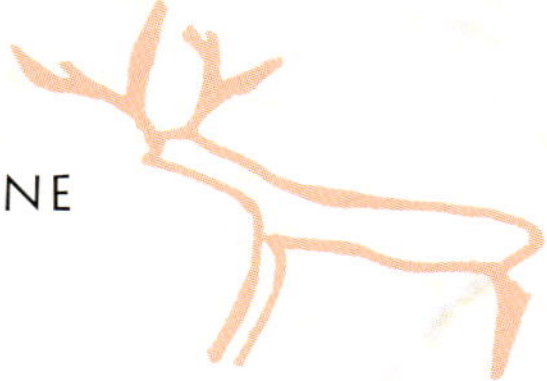

SO WIRDS GEMACHT:

MIT DER STEINHACKE EINE 30 CM TIEFE UND CA. 50 CM LANGE GRUBE AUSHEBEN. DIE GRUBE MIT DEM FELL AUSLEGEN UND MIT WASSER FÜLLEN. FEUER MACHEN. STEINE INS FEUER LEGEN. DAS FLEISCH IM FEUER LEICHT ANBRATEN. DIE HEISSEN STEINE INS WASSER GEBEN. WENN SIE ABGEKÜHLT SIND, WIEDER INS FEUER LEGEN. DIESEN VORGANG SO LANGE WIEDERHOLEN, BIS DAS WASSER WARM IST. FLEISCH INS WASSER GEBEN UND DIE SUPPENBRÜHE MEHRERE STUNDEN MIT DEN STEINEN BEI HITZE HALTEN. AM SCHLUSS MIT KRÄUTERN WÜRZEN. DIESE SUPPE ISST MAN MIT SELBST GESCHNITZTEN HOLZSCHALEN ODER -LÖFFELN.

WAS SCHIEF GEHEN KÖNNTE:

SIE HABEN ZU FRISCHES FEUERHOLZ GESAMMELT
   DIE SUPPE SCHMECKT WIE GERÄUCHERT
SIE HABEN DAS FELL FALSCH HERUM IN DIE GRUBE GELEGT
   IN DER SUPPE SIND HAARE
SIE HABEN EINEN ALTEN BOCK ERLEGT
   DAS SUPPENFLEISCH IST TROTZ MEHRTÄGIGEM KOCHENS ZÄH

UND ÜBRIGENS:

DIESES REZEPT HABEN WIR UNS NICHT SELBST AUSGEDACHT, SONDERN VON HEUTE NOCH STEINZEITLICH LEBENDEN VÖLKERN ABGESCHAUT.

Menü 2

Amuse-gueule
Rosmarin-Rösti
mit Olivenkaviar

Vorspeise
Süppchen von weißen Bohnen
mit frischem Koriandergrün

Zwischengericht
Fritierte Artischocken
mit Zitronendressing

Hauptgericht
Lammfilet in der
Kartoffel-Kräuterkruste

Dessert
Topfengratin mit Zwetschgen
und Pflaumengeist

Vorbereitung: 10 Minuten
Zubereitung: 10 Minuten

Das brauchen Sie:

2 mittelgroße Kartoffeln
1 TL Rosmarin, fein gehackt
Meersalz
Pfeffer aus der Mühle
etwas Öl für die Pfanne
5–6 Oliven erster Qualität (möglichst Bioware)

Rosmarin-Rösti – So wirds gemacht:

Die Kartoffeln schälen und raspeln. Mit dem Rosmarin, Salz und Pfeffer abschmecken. Eine beschichtete Pfanne vorheizen, wenig Öl angießen und mit dem Esslöffel vier kleine Rösti in die Pfanne setzen. Die Flamme auf maximale Leistung schalten. Nach ca. 1 Minute haben sich die Rösti vom Pfannenboden »freigebacken« und dürfen gewendet werden. Beobachten Sie die Hitzezufuhr! Eventuell die Hitze ein wenig reduzieren, damit die Rösti nicht anbrennen. Die Rösti sollen goldgelb und schön kross werden.

Olivenkaviar – So wirds gemacht:

Für den Olivenkaviar die Oliven entsteinen und auf einem glatten Küchenbrett sehr fein hacken. Die Qualität der Oliven ist entscheidend für den Geschmack. Eventuell etwas mit Salz und Pfeffer nachwürzen.

Anrichten:

Die Rösti auf einem Holzbrett vierteln und jeweils vier Teile auf kleinen vorgewärmten Tellern anrichten. Einen Teelöffel Olivenkaviar zwischen die Röstiviertel geben und mit Tomatenfilets und Kräuterzweigen garnieren.

Worauf Sie besonders achten sollten:

Heizen Sie die Pfanne auf jeden Fall vor. Anstelle einer beschichteten Pfanne können Sie auch eine gut »eingebackene« Eisenpfanne verwenden.

Nur so viel Öl wie unbedingt nötig in die Pfanne geben, damit die Rösti sich nicht voll saugen. Falls Ihnen doch einmal zu viel Öl in die Pfanne geraten ist, setzen Sie die Rösti vor dem Servieren zum Entfetten auf ein Küchenpapier.

Vorspeise · Süppchen von weißen Bohnen mit frischem Koriandergrün

Vorbereitung: 10 Minuten
Zubereitung: 10 Minuten

Das brauchen Sie:

500 g weiße Bohnen, über Nacht in Wasser eingeweicht
1 Schalotte, in feine Würfel geschnitten
2 Knoblauchzehen, fein gehackt
1/8 l Weißwein
50 g Butter

1 EL Olivenöl
1 l Gemüsebrühe
1 TL Currypulver
Salz
Pfeffer
2 EL Koriandergrün, fein gehackt

So wirds gemacht:

Einen ausreichend großen Topf (lieber eine Nummer zu groß) leicht vorheizen. Öl und Butter zugeben und Schalotten und Knoblauch darin hell andünsten. Bitte immer schön rühren, damit eine gleichmäßige Bräunung entsteht. Currypulver zufügen, den Weißwein angießen, kurz aufkochen lassen, damit die Säure entweichen kann. Nun die Bohnen und die Gemüsebrühe mit in den Topf geben, unter Rühren erhitzen und bei gleichmäßiger Temperatur »al dente« garen. Die Suppe mit dem Stabmixer sehr fein pürieren, eventuell noch ein wenig mit Wasser verdünnen und mit Salz und Pfeffer abschmecken.

Anrichten:

Die Suppe in vorgewärmte Teller gießen und mit Koriandergrün bestreuen.

Koriander

Koriander ist ein Doldengewächs. Die Samen sind hart und reich an ätherischen Ölen. Auf den Menschen wirkt Koriander wärmend und krampflösend. Er wird mit Kümmel und Fenchel als Brotgewürz verwendet. Neben dem Samen wird auch das Koriander-Grün verwendet. Koriander lässt sich gut selber ziehen. Man weicht Koriandersamen zwei Tage ein und steckt diesen dann in einen Blumentopf. Regelmäßiges Gießen ist erforderlich. Nach 8 Tagen keimen die Körner; nach 14 Tagen können Sie das Grün ernten. Gemahlener Koriander wird in der Weihnachtszeit für Kekse und Süßspeisen verwendet.

Tipp:

Etwas süße Sahne verfeinert das Süppchen. Wer keine Angst vor Kalorien hat, darf gerne 1/8 l Gemüsebrühe durch Sahne ersetzen.

Worauf Sie besonders achten sollten:

1. Die Bohnen sollten erst nach dem Kochen gesalzen werden, sonst werden sie nicht weich.
2. Bitte achten Sie auf sanftes Garen. Ein leichtes Köcheln ist deutlich besser als sprudelndes Kochen.

Vorbereitung: 20 Minuten
Zubereitung: 20 Minuten

Das brauchen Sie:

- 4 kleine Artischocken
- 3 Zitronen, unbehandelt
- 1 Bund Petersilie oder Selleriegrün
- 100 ml feines Olivenöl
- Salz
- Pfeffer aus der Mühle
- Öl zum Fritieren

So wirds gemacht:

1. Eine Zitrone vierteln, den Saft in eine Schüssel pressen und mit Wasser auffüllen. Von den Artischocken das obere Drittel mit einem scharfen Messer abschneiden, die äußeren Blätter bis zum Boden abzupfen. Mit einem Kugelausstecher (geht auch mit einem scharfen Löffel) das »Heu« aus den Artischocken lösen und die Stiele abschneiden. Die geputzten Artischocken jeweils sofort in das vorbereitete Zitronenwasser legen.

2. Für das Dressing die Petersilie oder das Selleriegrün von den Stielen zupfen und die Blättchen fein hacken. Den Saft einer Zitrone mit dem Olivenöl und den gehackten Petersilien- oder Sellerieblättchen verrühren, mit Salz und Pfeffer abschmecken.

3. Die Artischocken auf einem Geschirrtuch mit dem Stielansatz nach oben abtropfen lassen. Danach in einem hohen Topf oder in einer Friteuse das Öl auf etwa 160 °C erhitzen und die Artischocken darin fritieren. Mit einer Schaumkelle herausheben und auf Küchenpapier abtropfen lassen. Etwas salzen und pfeffern.

Artischocken verfärben sich an der Luft sehr rasch und werden dunkel. Das hat geschmacklich keine Auswirkungen, so dass Sie auf das Einlegen in Zitronenwasser verzichten könnten. Bedenken Sie aber, dass auch Ihre Hände eine entsprechende Tönung annehmen. Wenn Sie also ein intimes Dinner zu zweit oder eine offizielle Veranstaltung planen, sind Gummihandschuhe dringend notwendig!

Anrichten:

Die Artischocken auf vorgewärmte Teller legen und mit dem Zitronen-Dressing beträufeln. Mit in feine Scheiben geschnittener Zitrone und Petersilienblättchen oder Selleriegrün dekorieren.

Tipp:

Zu den Artischocken passen wunderbar mit Knoblauch und ein paar Tropfen Olivenöl gewürzte Weißbrotscheiben, die für etwa 5 Minuten im Ofen hellbraun gebacken werden. Mit einem Salat aus Möhren und Staudensellerie können Sie die Artischocken auch als Hauptgericht servieren.

Worauf Sie besonders achten sollten:

1. Falls die Artischocken zu viel Öl aufsaugen und zu weich sind: Überprüfen Sie die Temperatur des Fritieröls. 140 bis 160 °C sind nötig.

2. Das Fritierfett schäumt beim Einlegen der Artischocken sehr stark auf: Achten Sie bitte darauf, dass Sie die Artischocken vor dem Fritieren gut abtrocknen, und legen Sie sie vorsichtig mit einer Schaumkelle in das heiße Fett ein.

Artischocke

Die Artischocke ist eine Kulturpflanze. Sie wird als Nahrungs- und Diätpflanze bereits von der alten griechischen Medizin beschrieben. Sie stammt aus dem Mittelmeerraum und liebt ein warmes, trockenes bis feuchtes Klima. Die Artischocke gehört zu den Distelgewächsen. Durch den Bitterstoff Cynarin, der auch in Löwenzahn, Wermut und Schafgarbe vorkommt, wirkt sie verdauungsfördernd und galletreibend. Insbesondere regt Cynarin die Nieren- und Lebertätigkeit an, die im menschlichen Körper eine zentrale Entgiftungsfunktion hat. Ihr Reichtum an Mineralstoffen ist besonders herauszuheben. Die Artischocke enthält Kalium, Kalzium, Magnesium und einen hohen Anteil an Mangan. Sie wirkt entkrampfend und lösend, aber auch aufbauend-belebend auf den Stoffwechsel. Sie gibt dem Organismus ordnende und gestaltende Kräfte. Durch ihren Insulingehalt unterstützt sie die Diabetes-Diät.

Hauptgericht · Lammfilet in der Kartoffel-Kräuterkruste

Vorbereitung: 30 Minuten
Zubereitung: 45 Minuten

Das brauchen Sie:

4 Lammfilets à ca. 60 – 80 g
Olivenöl
800 g fest kochende Kartoffeln
Muskatnuss, frisch gerieben
2 Stängel Petersilie, fein gehackt
3 Zweige Thymian, Blättchen abgestreift
Salz
Pfeffer aus der Mühle

So wirds gemacht:

1 Keule. 4 Koteletts.
2 Koteletts. 5 Hals.
3 Nierenstück. 6 Blatt.

1. Lammfilets salzen und pfeffern. Eine ausreichend große Pfanne vorheizen und 2 EL Olivenöl darin erhitzen, die Filets bei mittlerer Hitze von jeder Seite 20 Sekunden braten, dann herausnehmen und auf Küchenpapier abkühlen lassen.

2. Kartoffeln waschen, schälen und in hauchdünne Streifen raspeln. Die Kartoffelmasse mit Salz, Pfeffer und Muskat würzen, die fein gehackte Petersilie und die Thymianblättchen untermengen. Danach mithilfe eines Küchentuchs oder Leinensäckchens die Kartoffelmasse sehr gut ausdrücken. Den Teig in vier gleich große Portionen teilen (davon drei Portionen einzeln in Folie gewickelt bis zur weiteren Verwendung aufbewahren). Die vierte Portion auf einer mit einem Küchentuch ausgelegten Arbeitsfläche zu einem Rechteck ausstreichen, ein Lammfilet in die Mitte legen und den Kartoffelteig mithilfe des Tuchs über dem Filet zusammenlegen. Nun drehen Sie das Küchentuch an den langen Seiten wie ein Bonbon zusammen, so dass die Kartoffelmasse fest an das Lammfilet gedrückt wird. Dann das Küchentuch vorsichtig abrollen, die drei anderen Portionen genauso vorbereiten.

3. Eine große Pfanne vorheizen, 4 EL Olivenöl darin erhitzen und die (eingepackten) Lammfilets bei mittlerer Hitze ringsherum in 2–3 Minuten goldbraun und kross braten. Aus der Pfanne nehmen und im vorgeheizten Backofen bei ca. 70 °C für 10–15 Minuten sanft garen lassen.

Dazu passt am besten eine Ratatouille (Rezept siehe Seite 67) und eine Maispolenta (Rezept Seite 64).

Worauf Sie besonders achten sollten:

1. Falls sich die Kartoffelmasse vom Filet löst, wurden die geraspelten Kartoffeln nicht gut genug ausgedrückt oder die Kartoffelsorte ist nicht ideal. Bevorzugen Sie fest kochende Kartoffeln.

2. Damit die Lammfilets in der Mitte nicht zu roh geraten, sollten die Filets nicht direkt nach dem Braten serviert werden, sondern unbedingt im Ofen bei 70 °C nachgegart werden.

Dessert · Topfengratin mit Zwetschgen und Pflaumengeist

Vorbereitung: 20 Minuten
Zubereitung: 40 Minuten

Das brauchen Sie:

500 g Quark
1 EL Butter
20 Löffelbiskuits
400 g Zwetschgen, gewaschen, entsteint und in feine Spalten geschnitten
30 g Pistazien, grob gehackt
4 Eigelbe
2 Eiweiße
Saft und Schale einer unbehandelten Zitrone
70 g Puderzucker
1 Messerspitze Zimtpulver
2 cl Pflaumengeist
1 EL Speisestärke

So wirds gemacht:

1. Ein Sieb mit einem Leinentuch auslegen und den Quark darin abtropfen lassen. Löffelbiskuits in einen Gefrierbeutel füllen und mit einem Nudelholz fein zerbröseln. Eine Gratinform mit Butter ausstreichen, mit den Biskuitbröseln ausstreuen.

2. Die Eigelbe mit dem Zitronensaft und der geriebenen Zitronenschale, 60 g Puderzucker, dem Zimtpulver und dem Pflaumengeist mit dem Handrührgerät sehr schaumig schlagen. Speisestärke darüber sieben und ebenfalls unterrühren. Den abgetropften Quark dazugeben und mit der Eigelbcreme verrühren. Das Eiweiß sehr steif schlagen und unter die Quarkmasse heben.

3. Die Quarkcreme in die Gratinform geben und mit den Zwetschgenspalten kreisförmig belegen. Die gehackten Pistazien darüber streuen und im vorgeheizten Backofen bei 220 °C ca. 25 Minuten backen. Das Gratin etwas abkühlen lassen, mit Puderzucker bestreuen und lauwarm servieren.

Worauf Sie besonders achten sollten:

Das Topfengratin ist vielleicht nicht richtig aufgegangen oder nicht luftig genug: Es ist sehr wichtig, den Eischnee behutsam und gründlich unter den Quark zu heben und der Backofen muss unbedingt vorgeheizt sein.

Amuse-gueule:

Leichter, etwas aromatischer Weißwein
Riesling aus Deutschland
Pinot Blanc aus dem Elsass
bzw. Weißburgunder aus Baden

Mit Deutschlands Edeltraube, dem Riesling, kann ein Mahl immer eröffnet werden. Man sollte bei diesem Gang allerdings darauf achten, dass er nicht zu säurebetont ist. Ein Riesling aus Württemberg oder Baden eignet sich hier besser als einer vom Rhein oder von der Mosel.

Vorspeise:

Kräftiger, fruchtiger Weißwein
Pinot Gris aus dem Elsass
bzw. Grauburgunder (Ruländer) aus Baden

Der Weißburgunder wird heute leichter ausgebaut, so dass der etwas parfümierte Geschmack der Traube (früher Ruländer genannt) nicht mehr vordringlich ist.

Zwischengericht:

Leichter Rotwein
Portugieser aus der Pfalz oder aus Württemberg
Spätburgunder von der Ahr
Dole aus der Schweiz

Das Gericht enthält zwei weinunfreundliche Substanzen: Cynarin und Zitronensäure. Am ehesten passt ein säurearmer Rotwein. Es ist aber auch möglich, stattdessen eine Wasser-Runde anzubieten.

Hauptgericht:

Kräftiger Rotwein
Chianti oder Chianti Classico
Brunello di Montalcino
Barbaresco oder Barolo aus dem Piemont

Dessert:

Aromareicher Süßwein oder schwerer Rotwein
Recioto della Valpolicella
Amarone della Valpolicella

Zu dieser Nachspeise (wie oft auch zu anderen!) eignen sich nicht nur Weine mit natürlicher Restsüße (zum Beispiel Recioto), sondern auch andere süffige schwere Rotweine wie der Amarone oder ein kräftiger Côte du Rhône. Alternativen: ein passender »Geist« (Zwetschgenwasser, Prune oder Vielle Prune) oder ein Weinbrand (Armagnac, Cognac).

MENÜ 3

Amuse-gueule

Tomatenwürfel mit Schafskäse und Oliven

Vorspeise

Ricottacreme mit Zucchini und Staudensellerie

Zwischengericht

Grüner Spargel unter einer Parmesankruste mit Basilikum

Hauptgericht

Lachsfilet in Joghurt-Dijon-Senf-Sauce mit geschmorten Gurken

Dessert

Weinsülze mit Trauben und Joghurt-Limonen-Sauce

Amuse-gueule

Tomatenwürfel mit Schafskäse und Oliven

Vorbereitung: 10 Minuten
Zubereitung: 10 Minuten

Das brauchen Sie:
2 vollreife Tomaten
1 Frühlingszwiebel
50 g Schafskäse
8 schwarze Oliven, entsteint
etwas kaltgepresstes Olivenöl
etwas Balsamico-Essig
evtl. Meersalz
und Pfeffer aus der Mühle

So wirds gemacht:
Tomaten häuten, vierteln, die Kerne ausdrücken und das Fruchtfleisch in feine Würfelchen schneiden. In eine Schüssel oder gleich portionsweise auf kleine Teller geben. Frühlingszwiebel putzen, in sehr feine Ringe schneiden und über die Tomaten geben. Schafskäse darüber raspeln. Oliven in Scheiben schneiden und darüber verteilen. Wenn Sie möchten, können Sie alles mit etwas kaltgepresstem Olivenöl und Balsamico beträufeln und mit Meersalz und Pfeffer aus der Mühle würzen. Wirklich gute, vollreife Tomaten aus Freilandanbau kommen ohne jedes Gewürz aus.

Tipp:
Verwenden Sie ganz einfach Ihren Lieblingskäse!
Ein aromatischer Schafskäse passt auf alle Fälle am besten, aber Sie können auch auf einen anderen Käse ausweichen.

Oliven
Olivenbäume gelten als Symbol der Versöhnung und des Friedens. Sie können mehrere hundert Jahre alt werden und gedeihen in Italien, Spanien, Portugal und Griechenland. Im Handel sind schwarze (reife) und grüne (halbreif geerntete) Oliven.

Kaltgepresstes Olivenöl »extra vergine« stammt aus der ersten Pressung und wird schonend und ohne chemische Zusätze hergestellt.

Olivenöl ist aromatisch, bekömmlich und gesund.

Ricottacreme mit Zucchini und Staudensellerie

Vorspeise

Vorbereitung: 20 Minuten
Zubereitung: 25 Minuten
(plus 1 Stunde Kühlzeit)

Das brauchen Sie:

400 g Ricotta* (ersatzweise Frischkäse oder Quark)
75 ml Schlagsahne
Meersalz
Pfeffer aus der Mühle
100 g Zucchini, in feine Würfel geschnitten
50 g Staudensellerie, in dünne Scheibchen geschnitten
2 Knoblauchzehen, fein gehackt
2 EL Olivenöl
frische Basilikumblätter zum Garnieren

***Ricotta gibt es in Feinkostgeschäften und im italienischen Lebensmittelhandel (siehe auch Seite 20)**

So wirds gemacht:

Ricotta in einer Schüssel mit dem Schneebesen gut durchrühren, Sahne dazugießen, mit Meersalz und Pfeffer aus der Mühle abschmecken. 2 EL Olivenöl in einer Pfanne erhitzen und den gehackten Knoblauch darin anschwitzen. Sellerie- und Zucchiniwürfel dazugeben und mit Meersalz und Pfeffer aus der Mühle würzen. Gemüse kurz mit anschwitzen, aus der Pfanne nehmen und in einer Schüssel abkühlen lassen.
Von dem Gemüse etwa 4 EL unter die Frischkäsecreme heben, mit Salz und Pfeffer abschmecken und etwa 1 Stunde kalt stellen.

Anrichten:

Mit einem heißen Löffel Nocken von der Käsecreme abstechen, auf Tellern anrichten und jeweils 2 EL Gemüse dazugeben. Die Nocken und das Gemüse mit Olivenöl beträufeln und mit Basilikumblättern dekorieren.

Tipp:

Dazu passt ein sommerlicher Blattsalat mit Zitronendressing und Knoblauchbrot.

Worauf Sie besonders achten sollten:

Die Ricotta-Gemüsecreme wird eventuell zu flüssig: Rühren Sie die Creme in 1–2 Blatt aufgelöste Gelatine und stellen Sie die Creme noch einmal kalt. (Um Klümpchen zu vermeiden, bitte die Ricotta-Gemüsecreme nach und nach in die aufgelöste Gelatine gießen, nicht umgekehrt!)

Zwischengericht

Vorbereitung: 20 Minuten
Zubereitung: 15 Minuten

Grüner Spargel unter einer Parmesankruste mit Basilikum

Das brauchen Sie:

500 g grünen Spargel
weißen Pfeffer aus der Mühle
2 Knoblauchzehen, in feine Würfel geschnitten
120 ml Olivenöl
50 g Semmelbrösel
40 g Parmesan, frisch gerieben
Basilikumblätter zum Dekorieren

Worauf Sie besonders achten sollten:

Achten Sie beim Kauf auf wirklich frischen Spargel. Die Enden sollten ein glattes Schnittbild zeigen, der Spargel muss prall und fest sein.
Älteren Spargel müssen Sie am unteren Drittel doppelt schälen und vor der Zubereitung für 30 Minuten in sehr kaltes Wasser legen.
Sollte der Spargel zu bitter schmecken (obwohl das bei grünem Spargel äußerst selten vorkommt), können Sie dem Kochwasser etwas Zucker und einen Klecks Butter zufügen.

So wirds gemacht:

Von den Spargelenden etwa 1 cm abschneiden, die Stangen bis zum oberen Drittel dünn schälen. (Gilt nur für grünen Spargel, weißer Spargel sollte bis kurz unter den Kopf geschält werden.)
Spargel in Salzwasser aufkochen, Topf vom Herd nehmen und 10 Minuten ziehen lassen, dann aus dem Wasser heben und auf einem Geschirrtuch abtropfen lassen.
(Ich persönlich blanchiere den Spargel nur 1–2 Minuten und hebe ihn sofort aus dem Wasser zum Abtrocknen auf ein Tuch. Der Spargel ist dann fast roh und schmeckt sehr interessant. Wenn Sie Rohkostfan sind, vergessen Sie die 10 Minuten und machen Sie es wie ich.)
Die an- oder fertig gegarten Spargelstangen in eine feuerfeste Form legen und mit Pfeffer aus der Mühle würzen. Die Knoblauchwürfel in Olivenöl bei milder Hitze glasig dünsten, Semmelbrösel einrühren. Diese Mischung auf dem Spargel verteilen und mit dem Parmesan bestreuen. Unter dem Backofengrill 1–2 Minuten vorsichtig gratinieren. Lassen Sie den Spargel während des Gratinierens auf keinen Fall aus den Augen, der Parmesan bräunt sehr rasch!

Anrichten:

Die Basilikumblätter grob zerpflücken und über dem gratinierten Spargel verteilen.

Tipp:

Ihre Knoblauchpresse sollten Sie in Frieden alt werden lassen. Alle Zwiebelgewächse schmecken weniger gut, wenn sie zerdrückt oder zerquetscht werden. Das beste Ergebnis erzielen Sie mit einem dünnen, scharfen Messer.

Lachsfilet in Joghurt-Dijon-Senf-Sauce mit geschmorten Gurken

Hauptgericht

Vorbereitung: 30 Minuten
Zubereitung: 30 Minuten

So wirds gemacht:
Einen Topf leicht vorheizen, die Butter darin schmelzen lassen und die Gurkenscheiben kurz unter Wenden andünsten. Mit einer Schaumkelle herausheben und abtropfen lassen. Bis zur weiteren Verwendung beiseite stellen.
Die Schalottenwürfel im zurückgebliebenen Fett glasig dünsten, mit Mehl bestäuben und unter Rühren anschwitzen. Mit Noilly Prat ablöschen, Fischfond und Sahne dazugeben und 3 Minuten kochen. Joghurt dazugeben und verrühren. Die Schmorgurken hinzufügen und 5 Minuten bei milder Hitze kochen. Mit Salz und Pfeffer würzen. Die Estragonblätter von den Stielen zupfen und kurz vor dem Ende der Garzeit zusammen mit den Kapern und dem Dijon-Senf in die Sauce geben. Danach die Schmorgurken warm stellen.
Das Lachsfilet waschen, gut trockentupfen und quer in 8 Scheiben schneiden. Die Haut im Abstand von 3 cm quer einschneiden. Filets salzen und pfeffern. Eine beschichtete Pfanne vorheizen, das Öl darin erhitzen und die Filets zuerst mit der Hautseite nach unten 2 Minuten bei starker Hitze, dann 3–5 Minuten bei mittlerer Hitze braten. Bitte die Fischfilets dabei nicht bewegen, damit die Haut knusprig wird. Die Pfanne vom Herd nehmen, mit einem Deckel verschließen und die Lachsfilets weitere 5 Minuten in der Resthitze nachgaren lassen.

Worauf Sie besonders achten sollten:
Damit das Lachsfilet nicht zu trocken gerät, sollten Sie ein nicht zu dünnes Filet wählen. Die angegebene Zeit von 3–5 Minuten zum Braten in der Pfanne ist auf Lachsfilets von ca. 2,5 cm Durchmesser ausgerichtet. Wesentlich dünnere Filets kommen mit zwei Minuten Bratzeit aus.

Das brauchen Sie:
600 g Schmorgurken, geschält, längs halbiert und in Scheiben geschnitten
60 g Butter, 30 g Mehl
2 Schalotten, in feine Würfel geschnitten
4 cl Noilly Prat (trockener Wermut)
⅛ l Fischfond (siehe S. 69)
¼ l Schlagsahne
2 EL grober Dijon-Senf
1 Becher Sahnejoghurt
Salz
Pfeffer aus der Mühle
1 Bund Estragon
35 g Kapern, abgetropft
800 g Lachsfilet mit Haut, geschuppt und entgrätet
3–4 EL Öl

Anrichten:
Je zwei Lachsfilets auf vorgewärmten Tellern anrichten, die geschmorten Gurken anlegen.

Tipp:
Dazu passen am besten hausgemachte Nudeln (Rezept Seite 66).

Die Tischrede

ist weder ein veraltetes Ritual noch besonders schwierig. Gehalten wird sie nach dem Hauptgang. Sie ist auch keine Männer-Domäne mehr. Die Tischrede richtet sich an die Anwesenden und sollte in irgendeiner Weise mit dem Anlass des Abends, mit den Gastgebern oder den Gästen verknüpft sein. Jedes dazu passende Thema ist erlaubt. Allerdings sollte man keine langen Monologe halten; es gilt heute die Empfehlung drei Minuten Redezeit nicht zu überschreiten.

Die Nonsens-Rede

Ob Bundestagsdebatten oder Wahlkampfreden, wer kennt sie nicht, die Worthülsen, ohne die kein Politiker auskommt? Vorausgesetzt, Sie haben Stimmung und Spielbereitschaft Ihrer Gäste gut ausgelotet, versuchen Sie es selbst! Ein Spiel, das sich in freundschaftlicher Runde anbietet, ist z. B. die Nonsens-Rede. Dazu schreibt jeder Gast einen beliebigen Begriff auf einen Zettel. Diese Begriffe müssen nun in einer dreiminütigen Ansprache zum Thema gemacht oder mindestens erwähnt werden. Gibt es Interesse an diesem Spiel, aber keine Freiwilligen (die vielleicht gerne ihren Rhetorik-II-Kurs zur Anwendung bringen möchten), kann man jemanden auswählen, dem fairerweise noch ein Ghostwriter zur Seite gestellt wird. Alle Absurditäten sind erlaubt.

Viel Spaß beim Zuhören!

Weinsülze mit Trauben und Joghurt-Limonen-Sauce

Vorbereitung: 30 Minuten
Zubereitung: 15 Minuten
plus 4–7 Stunden Gelierzeit

Das brauchen Sie für die Sülze:
6 Blatt weiße Gelatine
100 g Zucker
400 ml trockenen Weißwein
20 Weintrauben, grün und kernlos
20 Weintrauben, blau
1 Bund Zitronenmelisse

Das brauchen Sie für die Sauce:
250 g Joghurt
3 EL Puderzucker
1 EL Marsala
abgeriebene Schale von ½ Limone

So wirds gemacht:
Die Gelatine kalt einweichen. Den Zucker mit 100 ml Wasser 3–4 Minuten bei starker Hitze kochen, vom Herd nehmen und etwas abkühlen lassen, mit dem Wein mischen. Gelatine tropfnass zur Weinmischung geben und sofort verrühren. Die Weintrauben waschen, die blauen Trauben enthäuten und halbieren, Kerne entfernen.
Eine Kastenform (¾ l Inhalt) mit Klarsichtfolie auslegen, Melisseblättchen dekorativ in die Form legen, darauf aus der Weinmischung einen Spiegel von 2–3 mm Höhe gießen. In den Kühlschrank stellen und gelieren lassen.
Die Trauben in der Form verteilen und die restliche Weinmischung darüber gießen. In 4–7 Stunden im Kühlschrank fest werden lassen.

Die Sauce sollten Sie erst kurz vor dem Servieren zubereiten: Joghurt mit Puderzucker und Marsala gut verrühren.

Anrichten:
Die Kastenform kurz in heißes Wasser tauchen, damit sich das Gelee besser löst, stürzen, die Klarsichtfolie abziehen und die Sülze mit einem scharfen Messer oder mit dem Elektromesser in Scheiben schneiden. Die Joghurtsauce auf Portionsteller verteilen, mit Limonenschale bestreuen und die Weinsülze darauf anrichten. Mit Zitronenmelisse garnieren.

Worauf Sie besonders achten sollten:
Vielleicht hat sich die Gelatine nicht vollständig gelöst, dadurch haben sich feste Klumpen in der Sülze gebildet, oder die Sülze ist insgesamt zu weich geworden und lässt sich nicht schneiden. Prüfen Sie deshalb vor der Verarbeitung genau, ob sich die eingeweichte Gelatine in der noch warmen Weinmischung völlig aufgelöst hat.

Amuse-gueule
Leichter, frischer Sekt
Prosecco Frizzante

Aus der Rebsorte *Prosecco* macht man den stillen Prosecco – oder durch eine zweite Gärung nach einem Zucker- und Hefezusatz den Frizzante, einen spritzigen, leichten Weißwein.
Tipp: Unbedingt auf das Anbaugebiet Coneglio/Valdobbiadene achten!

Vorspeise
Leichter, aromatischer Weißwein
Soave
Müller-Thurgau oder Bacchus aus Franken

Soave könnte »lieblich« bedeuten, aber wahrscheinlicher ist, dass der Name von den Sueben herrührt, die sich im Soavegebiet im Mittelalter niederließen. Der Soave ist ein Mischsatz mit mindestens 70 % Garganega-Trauben, die nur im Soavegebiet wachsen, und ca. 30 % Trebbiano- und Chardonnay-Trauben.

Zwischengericht
Kräftiger Weißwein
Weißer Chianti – Vino da Tavola
Chardonnay aus Piemont
Chardonnay aus Südtirol oder dem Trentino

Unter dem Namen *Vino da Tavola* werden im Chianti anspruchsvolle aromatische Weißweine gemacht. Es handelt sich in aller Regel um Mischsätze, die hauptsächlich (aber nicht nur) aus den Traubensorten Trebbiano toscano und Malvasia gekeltert werden.

Hauptgericht
Milder Rotwein
Lagrein aus Südtirol
Merlot aus Südtirol
Blauburgunder (Beerli-Wein) aus Graubünden
Dole aus dem Wallis

Der *Lagrein* ist der typische Wein der Provinz Bozen. Er ist leicht herb und trotzdem samtig.
Auch andere Südtiroler Rotweine, sowie Schweizer Rotweine passen, weil sie meist säurearm und geschmeidig sind, z.B. der Merlot, die Schweizer Beerli-Weine oder auch der klassische Dole.

Dessert
Süßwein mit Restsäure
Beispiele:
Lambrusco dolce (süß)
Vin Santo
Eiswein, Auslesen

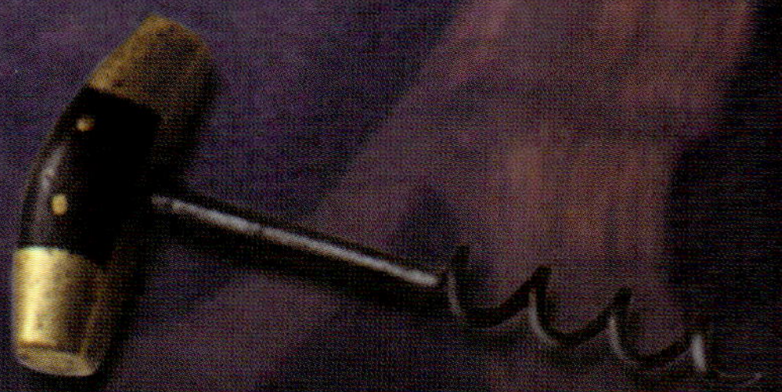

Tafelmusik und Ohrenschmaus

Tafelmusik (frz. musique de table) ist schon in ägyptischen Dynastien, in biblischer Zeit und in der griechischen und römischen Antike üblich gewesen. Warum sollten Sie bei einem guten Essen darauf verzichten?

In der Zeit der Renaissance und im Barock war das Mahl einer der wichtigsten Anlässe, um zu musizieren. Tafelmusik erklang bei Anwesenheit des Souveräns und im städtischen Leben auf den Banketten der Obrigkeit. Am Hofe war sie Teil einer Inszenierung und trug zur Steigerung des Tafelprunks bei.

Sie sollten bei Ihrer Einladung auf schlichtere Formen der musikalischen Gestaltung zurückgreifen, denn schon im Mittelalter konnte der soziale Zwang zur kulinarischen Repräsentation Ritter, Bauern und Bürger in den Ruin stürzen.

Legen Sie einfach eine passende CD auf. Bläser, Pfeifer und Trommler sind heutzutage zu teuer und für normale Räumlichkeiten nicht geeignet. Von einer ununterbrochenen musikalischen Berieselung während des Essens ist allerdings dringend abzuraten, schliesslich verfolgt uns diese Unart in Restaurants und hotels aller Standards von der Bar bis zur Toilette.

Musik kann eröffnend wirken wie ein Aperitif und soll, wie an den Fürstenhöfen, der »vroide« dienen. Entziehen Sie sich nicht länger als notwendig Ihren Gästen, nur weil Sie Ihren CD-Player immer noch nicht bedienen können. Und beherzigen Sie bei der Wahl der Lautstärke ein Wort von Jean Paul: »Musik ist die Poesie der Luft.«
Also, piano, piano!

Früher gehörte das Tisch- oder Tafelblasen zur Aufgabe der Hof- und Feldtrompeter als Zeichen, dass man sich zum Mahl begeben sollte. Das gilt heute zweifelsohne als zu aufdringlich. Stellen Sie die Musik ab und bitten Sie zu Tisch. Stille hat Aufforderungscharakter. Machen Sie das Essen zum Ereignis. Zwischen den Gängen kann dann die Musik wieder sprechen. Aber nicht als störendes Hintergrundgeräusch, das die Unterhaltung und das Zuhören schwer macht. Ihr ausgewähltes Musikstück steht jetzt im Vordergrund. Darüber sollten Sie etwas erzählen: W. A. Mozart beispielsweise hat im Finale des 2. Akts seiner Oper Don Giovanni eine Tafelmusik komponiert und bringt musikalische Zitate aus Opern, auch aus seiner eigenen Oper »Le nozze di Figaro«.
Haben Sie schon einmal zur Champagner-Arie das Glas erhoben? Hier perlt es im Glas und in der Musik. Kürze und Abwechslung ist das Gebot der Stunde.

Ist die Unterhaltung nach dem Essen angeregt und lebhaft, so steigt in der Regel die Lautstärke. Musik kann dann zur Strapaze werden, die sich zur Klangkulisse eines bayerischen Bierpalastes hochschaukelt. Wenn, dann muss Musik zur köstlichen Nachspeise werden. Sollten die Dame oder der Herr des Hauses über ausreichende musikalische Fertigkeiten verfügen, kann ein Musikstück am Klavier Bravi auslösen. Andernfalls greift man wieder zur CD.
Hier unsere Vorschläge!

Tafelmusik aus früheren Zeiten:

»Harmoniemusik« von Mozart und Rossini:
Sextett, aus »Le nozze di Figaro«
für 2 Klarinetten, 2 Hörner, 2 Fagotte und
Sextett aus »Il Barbiere di Siviglia«,
Rossini Quintett, 1993. CB 841

Gioacchino Rossini, Streichersonaten
für 2 Violinen, Violoncello, Kontrabass
Nr. 1–6, I Musici, 1972

Georg Philipp Telemann, Tafelmusik,
Virtuosi Saxoniae, Ltg. und
Solotrompete Ludwig Güttler. LC 6203

W. A. Mozart, Don Giovanni
(Tafelmusik, Finale des 2. Aktes)
Zu empfehlen: Aufnahme Salzburg, Ltg. Harnoncourt, mit Hampson und Gruberova

Jahreszeiten in der Musik: Antonio Vivaldi,
Die vier Jahreszeiten; Joseph Haydn,
Die Jahreszeiten; Ludwig van Beethoven, »Frühlingssonate«
Köstlich auch »Veronika, der Lenz ist da«
in der Interpretation
»Die Singphoniker«, 1972. LC 8492

Oder auch:
Frühling in Aranjuez.
Romantische Gitarrenkonzerte von J. Rodrigo
bis A.Vivaldi: Narciso Yepes,
Siegfried Behrend. LC 0173

Vieja Trova Santiaguera.
Hotel Asturias,
Latino music. 1997. LC 8399

Warum nicht auch »moderne« Musik probieren? Suchen Sie die passende Musik zu Ihrem Festmahl aus oder bitten Sie die Gäste, ihre Lieblingsmusik mitzubringen.

Die Sommerküche

Immer beliebter sind heute Wohnküchen. Im Sommer riechen sie nach Rosmarin, Basilikum, Koriander, Schafskäse und Oliven. Körbe mit frischen Kartoffeln und Pilzen duften nach warmer Erde. Zitronenlimonade, in schönen Gläsern gereicht, erfrischt den Körper an heißen Tagen. Sommer in der Küche ist die Einladung bunt und kreativ zu agieren. Garnieren Sie Ihre Gerichte mit essbaren Blüten und greifen Sie in der Dekoration zu den Sommerfarben: Lila, Rot, Gelb und dem frühherbstlichen Orange. Im Sinne von Feng Shui beziehungsweise Yin und Yang gedacht, müssen Sie noch eine Komplementär-Farbe – Grün – dazu wählen.

Die Dekoration

Weben Sie Farben in Ihre sommerliche Dekoration ein.

GRÜN ist die Farbe der Dekoration für Fleischspeisen, Tomatengerichte und Lachsfilet. Sie können diese Speisen mit selbst gepflückten großen Blättern, grünen Seidenfächern, Bambushölzchen und großen Kristallkugeln dekorieren.

Nudelgerichte, Maispolenta, Ricotta-Ravioli, Chili-Huhn und Kräuter-Crêpes benötigen einen Hauch oder ein deutlich ins Blickfeld gesetztes ROT. Große rote Blüten, rote Fächer, Tischbänder und -karten können den erdigen Nudeln das nötige Feuer geben. Dazu kommen ein paar grüne Blätter, um den Kreislauf der Elemente zu schließen.

Für Fisch oder für Suppen verwenden Sie am besten 60 Millimeter große Kristallkugeln als Tischdekoration. Dazu silberfarbige Platzteller und als Überraschung der Elemente eine Schale mit Wasser, schwimmenden Blüten und Blättern auf dem Tisch.

Ihr Tisch kann auch mit Figuren ausdrucksstark dekoriert werden. Wünschen Sie Andacht und Stille beim Essen, so wird eine Buddha- oder eine andere Ruhe ausstrahlende Figur auf dem Tisch für die gewünschte Stimmung sorgen. Wunderbare Klangspiele erfüllen den Raum und das Gemüt, sie sind ein willkommenes Mittel um zu Tisch zu bitten und im Feng Shui um unwillkommene Geister fern zu halten. Auf alle Fälle sorgen sie für mehr Harmonie im Raum.

Menü 4

AMUSE–GUEULE:
Lachstatar mit Basilikum

VORSPEISE:
Kohlrabi-Rauke-Salat mit
Schalotten-Thaiknoblauch-Dressing

ZWISCHENGERICHT
Ueberbackene Kräuter-Crêpes mit
Gruyère-Käsesauce und Kerbelgrün

HAUPTGERICHT
Chili-Huhn mit Sesam-Zuckerschoten
und Shijtake-Pilz-Sauce

DESSERT
Lauwarme Ananasscheiben
und Datteln in Karamellsauce
mit Haselnusskrokant

AMUSE – GUEULE:
Lachstatar mit Basilikum

Vorbereitung:
10 Minuten

Zubereitung:
20 Minuten

DAS BRAUCHEN SIE:

400 g rohen Lachs als Filet, enthäutet und entgrätet (alternativ: mild geräucherten Lachs)
Salz
Pfeffer aus der Mühle
Saft einer halben Zitrone
1 EL Olivenöl
4 Basilikumblätter

SO WIRDS GEMACHT:

- Lachsfilet mit der Hautseite nach oben auf ein Küchenbrett legen und enthäuten. Eventuell vorhandenes Fett an beiden Seiten links und rechts ca. 1 cm breit entfernen. Unter der Haut zeigt sich in der Regel eine ca. 1 mm starke braune Färbung, die Sie mit einem scharfen Messer bitte ebenfalls entfernen.

- Das Lachsfilet in ganz kleine Würfel schneiden, in eine Schüssel geben und mit Salz, Pfeffer, Zitronensaft und Olivenöl abschmecken. Die fein geschnittenen Basilikumblätter zugeben und gut vermischen. Das Tatar einige Minuten durchziehen lassen und evtl. mit Buttercroûtons, einem kleinen Salatbouquet oder Reibeküchlein auf leicht vorgewärmten Tellern servieren.

WORAUF SIE BESONDERS ACHTEN SOLLTEN:

Es ist wichtig, für die Zubereitung des Tatars ganz frischen Lachs zu verwenden; nur dann ist der Geschmack hervorragend. Mild geräuchertes Lachsfilet ist eine interessante geschmackliche Alternative.

VORSPEISE:
Kohlrabi-Rauke-Salat mit Schalotten-Thaiknoblauch-Dressing

Vorbereitung:
20 Minuten

Zubereitung:
15 Minuten

DAS BRAUCHEN SIE FÜR DEN SALAT:

2 Kohlrabi à ca. 300g, zart und jung
2 Bund Rauke
2 vollreife Tomaten

...UND FÜR DAS DRESSING:

3 EL Obst- oder Weißweinessig
100 ml Traubenkernöl (ersatzweise Olivenöl)
Pfeffer aus der Mühle
1 TL Meersalz
1 Prise Zucker
1 Schalotte, in feine Würfel geschnitten
1 kleinen Bund Thaiknoblauch mit Grün (ersatzweise 1 Bund Schnittlauch)
je nach Geschmack einen Schuss Weißwein, Trauben- oder Apfelsaft

SO WIRDS GEMACHT:

■ Das Meersalz mit dem Essig verrühren, bis es gelöst ist. Nun erst das Öl, Pfeffer aus der Mühle und eine Prise Zucker zufügen und erneut mit dem Schneebesen gut verrühren.

■ Abschmecken. Falls Ihnen das Dressing zu »streng« erscheint, lässt sich der Geschmack durch das Zufügen von einem Schuss Wein, Trauben- oder Apfelsaft »abrunden«. Wenn Sie nach dem erneuten Abschmecken mit dem Ergebnis rundherum zufrieden sind, mischen Sie die restlichen Zutaten, die Schalotten und den in feine Ringe geschnittenen Thaiknoblauch (oder Schnittlauch) sowie evtl. den geriebenen Ingwer unter das Dressing.

■ Knoblauch: Hacken, Quetschen, Reiben etc. ist für alle Zwiebelgewächse nicht geeignet, da durch den hohen Anteil an ätherischen Ölen bei diesen Zubereitungsmethoden ein unangenehmes Aroma entsteht. Zwiebelgewächse also immer schneiden!

■ Die Zubereitung des Salates ist schnell und unkompliziert. Die Kohlrabi schälen. Die Rauke putzen, waschen und trockenschleudern bzw. gut abtropfen lassen. Die Tomaten waschen, vom Stielansatz befreien und in Filets, Scheiben oder Würfel schneiden. Die Kohlrabi in Scheiben schneiden, fächerartig anrichten, Rauke und Tomaten ebenfalls auf den Tellern platzieren und vorsichtig mit dem Dressing nappieren, d. h. behutsam, in kleinen Dosen nach und nach über den Salat geben.

WORAUF SIE BESONDERS ACHTEN SOLLTEN:

Dieses Rezept steht und fällt mit der perfekten Zubereitung des Dressings. Die Erfahrung aus Kochkursen hat gezeigt, dass viele engagierte Hobbyköchinnen und -köche bei der Zubereitung von Dressings jeder Art mit Schwierigkeiten zu kämpfen haben. Oft geraten die Dressings zu sauer bzw. zu streng. Achten Sie bitte unbedingt auf beste Essig- und Öl-Qualität. Ein Spritzer Zitronensaft, Wein, Apfel- oder Traubensaft in Verbindung mit kleinsten Dosen an Zucker oder Honig runden das geschmackliche Gesamtbild schön ab. Verwenden Sie ausschließlich Pfeffer aus der Mühle, Meersalz und Schalotten anstelle von Zwiebeln. Wenn Sie diese und die Hinweise in dem Rezept beachten, eröffnen sich Ihnen völlig neue Dressing-Welten!

ZWISCHENGERICHT

Ueberbackene Kräuter-Crêpes mit Gruyère-Käsesauce und Kerbelgrün

Vorbereitung:
15 Minuten, ohne Wartezeit für das Ausquellen des Crêpeteigs

Zubereitung:
45 Minuten

DAS BRAUCHEN SIE FÜR DIE CRÊPES:

3 Eier
150 g Mehl
¼ l Milch
2 EL Sahne
Meersalz
Pfeffer aus der Mühle
2 EL Öl
1 Tasse fein gehackte Kräuter nach Belieben
(z. B. Petersilie, Thymian, Salbei)
20 g Butter zum Ausbuttern der Backform

SO WIRDS GEMACHT:

● Alle Zutaten für den Teig in einem Mixbecher mit dem Stabmixer gründlich vermengen. Den Teig anschließend mindestens 30 Minuten bei Zimmertemperatur ausquellen lassen. Anschließend eine Pfanne von 20 cm Durchmesser mit Öl benetzen oder mit einem beölten Küchenpapier ausreiben und möglichst dünne Crêpes ausbacken.

● Pro Seite müssen Sie ca. 2 Minuten bei mittlerer Temperatur rechnen. Die fertig gebackenen Crêpes können Sie auf einem Teller übereinander stapeln. Sie kleben nicht zusammen.

DAS BRAUCHEN SIE FÜR DIE GRUYÈRE-KÄSESAUCE:

¼ l Milch
200 g geriebenen Gruyère oder Emmentaler
1 TL Mehlbutter (siehe Seite 70)
4 cl Weißwein
1 Bund Kerbel, fein gehackt
Pfeffer aus der Mühle
etwas geriebene Muskatnuss
Zum Überbacken der Crêpes:
100 g geriebenen Gruyère oder Emmentaler

SO WIRDS GEMACHT:

● Die Milch in einer Sauteuse vorsichtig erhitzen, den Käse mit dem Schneebesen einarbeiten, mit der Mehlbutter leicht anbinden. Weißwein und gehackten Kerbel zufügen und mit Pfeffer und Muskatnuss abschmecken.

● Die Crêpes mit Käsesauce bestreichen und einzeln aufrollen. Nebeneinander in eine ausgebutterte feuerfeste Form schichten, die restliche Käsesauce darüber gießen. Die Crêperollen mit geriebenem Käse bestreuen und in ca. 8–12 Minuten unter dem Grillstab des Backofens bei 220 °C überbacken. Die Kräutercrêpes in der Form servieren und eventuell knuspriges Baguette und einen knackigen grünen Salat dazu reichen.

WORAUF SIE BESONDERS ACHTEN SOLLTEN:

Lassen Sie den Crêpeteig in jedem Fall vor dem Ausbacken der Crêpes 30 Minuten ausquellen. Diese Zeit braucht der Teig, um elastisch zu werden und eine gute Bindung zu bekommen. Außerdem geht in dieser Zeit der unerwünschte Mehlgeschmack verloren. (Nebenbei: Fast alle Teige, die mit Mehl zubereitet werden, brauchen Zeit zum »Reifen«. Nudelteig ist z. B. nicht vor Ablauf einer Stunde gebrauchsfertig.)

Ein Rezept in schwäbischer Mundart – zum Vorlesen, nicht nur für Schwaben

>>Böflemod<<

E' Fleisch, des g'hört auf jeden Tisch,
Ischt habhafter als wie a Fisch;

An Ochsafleisch vom Schwanzstück fei' -
Drei Pfündla neh'm, des müaßet's sei' -
Das Schwanzstück klopfschst Du erscht recht tüchtig
Na reibscht's mit Salz und Pfeffer richtig,
Thuascht Pfefferkörnla au' no d'ra,
E' Lorbeerblatt, en Knobelzah';
Au' Nägala[1], a bisle Zwiebel, [1]gewürzte Nelken
Citronarädle sind net übel.
No schüttest Essig d'rüber glei,
A Wasser aber au' d'rbei.
's muaß richtig d'rüber gehn die Beize -
I sag' Der's, thu mer no net geize!
So läßt's jetzt drei, vier Tägla steha,
Muaßscht aber älsfort dernach seha,
Und muaßscht's umkehra au' ällbot,[2] [2]immerfort
Sonscht wird's auf einer Seite rot.
In dera Beize stellscht es na'
Und kochscht's, so weich mers kocha ka',
Na brennscht e dunkels Mehle ei',
Und thuascht e paar Stück Zucker 'nei.
Mach's no recht dunkel, jo net z'hell,
Und lösch's mit Essig ab recht schnell.
Na gießscht die ganze Beize na'
Mit alle Zuthate, die d'ra'.
So kochscht's e halbe Stond womöglich;
Na seihscht es durch und thuascht nachträglich
Des Fleisch noch köchla in der Brüh -
Zu lang kocht's Böflemod gar nie,
Denn g'wärmt ischt's besser noch, wie frisch! -
Lascht's kocha, bis es fertig isch,
Bis's Mehle nimmer rausschmeckt - - eba
Dia Sacha kann mer net a'geba.

Des Böflemod, Du, des isch fei,
Da legscht Du g'wiß au' Ehr mit ei'!

HAUPTGERICHT
Chili-Huhn mit Sesam-Zuckerschoten und Shijtake-Pilz-Sauce

Vorbereitung:
20 Minuten, ohne Marinierzeit

Zubereitung:
60 Minuten

DAS BRAUCHEN SIE:

2 kleine Bauernhähnchen
je 1 rote und 1 grüne frische Chilischote
2 EL Öl
250 ml hellen Fond (Geflügel, Gemüse oder Kalb)
4 cl Sherry, trocken
1 EL Speisestärke
200 ml Weißwein, trocken
1 TL Zucker
Meersalz, Pfeffer aus der Mühle

100 g Butter
2 Knoblauchzehen, 2 Schalotten
200 g Shijtake-Pilze
1 EL Koriandersamen

200 g Zuckerschoten
1 EL Sesamöl
½ Tasse Wasser, Meersalz
2 Knoblauchzehen, in feine Würfel geschnitten
50 g Butter, 1 EL Sesamsamen

SO WIRDS GEMACHT:

- Die Hähnchen mit der Geflügelschere vierteln und waschen.
- Die Chilischoten in feine Ringe schneiden. Geflügelfond, Sherry, 2 EL Öl, Zucker, Weißwein, Speisestärke in einer ausreichend großen Schüssel verrühren, die Chiliringe zufügen und die Hähnchenteile in dieser Mischung 3–4 Stunden im Kühlschrank marinieren.
- Nach dieser Zeit die Hähnchenteile aus der Marinade nehmen und gut trockentupfen. Den Backofen auf 200 °C vorheizen. Die Hähnchenteile salzen und pfeffern, mit der Hautseite nach oben in eine eingefettete Form setzen und 10 Minuten goldgelb braten. Den Thermostat auf 70 °C herunterschalten und die Hähnchenteile weitere 45 Minuten im Ofen garen. Währenddessen bereiten Sie die Shijtake-Pilz-Sauce und die Sesam-Zuckerschoten zu.

SHIJTAKE-PILZ-SAUCE SO WIRDS GEMACHT:

- Die Pilze in ca. 1 cm breite Streifen schneiden. Die Schalotten und die Knoblauchzehen fein würfeln.

- Eine Sauteuse mittelstark vorheizen. Die Butter schmelzen lassen und die Schalotten- und Knoblauchwürfel mit den Koriandersamen unter ständigem Rühren mit dem Holzlöffel glasig dünsten.
- Die Pilzstreifen zufügen und in weiteren 2–3 Minuten hell anbraten.
- Die Hähnchenmarinade angießen und bei milder Hitze auf etwa ein Drittel sämig einkochen. Mit Salz und Pfeffer abschmecken.

SESAM-ZUCKERSCHOTEN – SO WIRDS GEMACHT:

- Alle Zutaten außer den Zuckerschoten in eine Pfanne geben und zusammen aufkochen. Schoten zufügen und in ca. 2 Minuten knackig garen.

ANRICHTEN:

- Die Hähnchenteile aus dem Ofen nehmen. Den Grillstab einschalten oder den Ofen auf 220 °C aufheizen.
- Die Hähnchenteile in der Form erneut für einige Minuten in den Ofen stellen, um eine knusprige Haut zu erzielen.
- Die Sesam-Zuckerschoten in die Mitte vorgewärmter Teller geben. Die Shijtake-Pilz-Sauce im Kreis um die Zuckerschoten verteilen und je ein Viertel Hähnchen auf die Zuckerschoten setzen.

Zum Chili-Huhn passen hervorragend Basmati-Reisplätzchen (Rezept s. Seite 64).

WORAUF SIE BESONDERS ACHTEN SOLLTEN:

Dieses Gericht verlangt nach einer deutlich wahrnehmbaren Chilischärfe. Die Chilischoten sind, was die Schärfe betrifft, sehr unterschiedlich. Testen Sie vor der Zubereitung ein kleines Stückchen und verwenden Sie ganz nach Ihrem Geschmack mehr oder weniger als die im Rezept angegebene Menge. Die Kerne beinhalten übrigens den Hauptanteil der Schärfe.

DESSERT

Lauwarme Ananasscheiben und Datteln in Karamellsauce mit Haselnusskrokant

Vorbereitung:
15 Minuten

Zubereitung:
25 Minuten

DAS BRAUCHEN SIE:

4 Scheiben Ananas,
ohne Schale und Herz
20 Datteln, geschält, der Länge nach halbiert und entkernt
200 g Zucker
$\frac{1}{4}$ l Sahne
2 EL Haselnusskrokant
1 EL Butter
2 cl Portwein, weiß

ZUBEREITUNG KARAMELLSAUCE:

- Den Zucker in einer Sauteuse ohne umzurühren schmelzen und hell bräunen.
- Die Sahne angießen und den Karamell so lange mit einem Holzlöffel losrühren, bis dieser sich vollständig mit der Sahne zu einer Emulsion verbunden hat.
- Anschließend auf dem Herd einreduzieren, bis eine cremige Sauce entsteht.

ZUBEREITUNG ANANASSCHEIBEN UND DATTELN:

- Eine Pfanne leicht vorheizen, die Butter darin schmelzen lassen, Ananasscheiben und Datteln für 2–3 Minuten bei schwacher Hitze in der Pfanne warm werden lassen, dabei einmal wenden. Den Portwein darüber träufeln und die Pfanne vom Herd nehmen.

ANRICHTEN:

- Einen Karamellsaucenspiegel auf vorgewärmte Teller gießen, Ananasscheiben und Datteln darauf platzieren und mit Haselnusskrokant bestreuen. Sofort servieren.

WORAUF SIE BESONDERS ACHTEN SOLLTEN:

Zur Herstellung der Karamellsauce den Zucker nicht über die gewünschte hellbraune Färbung erhitzen, da er sonst bitter wird. Denken Sie daran, dass geschmolzener Zucker enorm heiß ist. Die Sahne vorsichtig angießen!

WEINEMPFEHLUNGEN

AMUSE-GUEULE:

Herber Sekt
Crémant Brut
Trockener deutscher Winzersekt
Spumante Brut

Welche Geschmacksrichtung auch immer gewählt wird, der Sekt sollte im Champagnerverfahren hergestellt worden sein (Flaschengärung, handgerüttelt). Für den Geschmack wichtig ist die Dosage (aromatisierter natürlicher Zusatz an Süßwein oder Likör). Ohne jegliche Dosage ist der Sekt zwar sehr herb, aber ungemein spritzig.

VORSPEISE:

Leichter, würziger Rosé
Rosé aus der Provence

Die Provence ist berühmt für ihre spritzigen und trotzdem aromatischen Rosés. Übrigens: Diese Rosés können auch stark knoblauchhaltigen Speisen Paroli bieten!

ZWISCHENGERICHT:

Kräftiger Weißwein
Meursault
Chablis

Im burgundischen ***Meursault*** (wie auch im benachbarten Montrachet) werden aus der Chardonnay-Traube hervorragende aromatische Weißweine gekeltert. Bukettreich, frisch und mit einem Feuerstein-Geschmackston sind auch die ***Chablis***, ebenfalls aus der Chardonnay-Traube.

HAUPTGERICHT:

Mittelschwerer Rotwein
Spätburgunder aus Baden oder von der Ahr
Pinot Noir aus dem Elsass
Pinot Nero aus Südtirol
Burgunder aus der Gegend um Beaune

Der ***blaue Burgunder*** ist nicht nur in Burgund verbreitet, sondern auch in nördlicheren Gefilden. Er ergibt einen angenehmen, säurearmen Wein mit viel Bukett – ganz besonders in seinem Stammland: dem Burgund.

Tipp: Der Pinot Noir aus dem Elsass muss gut gekühlt getrunken werden!

DESSERT:

Süßwein
Passito aus Pantelle ria
Marsala aus Sizilien
Portwein

Der *Wein* zum Menü

Genießen – und dabei gesund bleiben

Weintrinken ist gesund, vorausgesetzt, man trinkt mäßig. Das wusste 1530 schon Erasmus von Rotterdam, der Wein sogar »als Gewinn bringende Medizin« ansah. Aber: Was ist mäßig? Notorische Weintrinker/innen oder fanatische Abstinenzler/innen können zu verschiedenen Ansichten
gelangen, auch wenn sie Wissenschaftler/innen sind. Eine objektive Antwort kann es nicht geben, denn die Sprache lässt uns (absichtlich?) im Stich: Der Wortstamm »Maß«, sofern man nicht Bier trinkt, ist relativ. Das rechte Maß muss jede und jeder also für sich selbst bestimmen und wissen, wo es »un-mäßig« oder »über-mäßig« wird. Schon auf altrömischen Darstellungen kann man lesen: »utinon abuti« (gebrauchen – nicht missbrauchen)!

Was steckt Gutes im Wein?

Im Wein können heute rund 250 verschiedene Stoffe nachgewiesen werden. Wenngleich im Augenblick noch nicht eindeutig erwiesen ist, auf welche Weise die Stoffe wirken, so scheint doch klar zu sein, dass das harmonische Verhältnis von Gerbstoffen, Mineralstoffen (z. B. Phosphor- und Kohlenstoffverbindungen), Metallen (z. B. Kalzium, Magnesium, Kalium) und den wichtigsten Vitaminen (z. B. A, B1, B2, C und D) für die Gesundheit von großer Bedeutung ist. Die angenehme, manchmal auch krampflösende und gefäßerweiternde Wirkung des Weins ist auf das Äthanol, den Weingeist, zurückzuführen.

Weintrinken ist aber nicht nur gesund, es ist darüber hinaus – und vor allem – ein Genuss, ganz besonders, wenn man richtig genießt.

Wichtig ist, dass man die Geruchszonen der Nase und die Geschmacksbereiche auf der Zunge bewusst aktiviert. Man bringt den Wein im Glas durch Schwenken in leicht kreisende Bewegung, riecht, »schnüffelt«, schlürft, lässt ihn dabei ein wenig auf der Zunge liegen und »beißt« ihn sogar – dabei darf durchaus auch ein wenig geschmatzt werden.

Nase und Zunge arbeiten zusammen

Die auf der Zunge und im Mundraum befindlichen Geschmacksknospen sind im Wesentlichen auf vier Empfindungen programmiert: süß, sauer, salzig und bitter. Der Geschmackseindruck setzt sich aus einer Kombination dieser Empfindungen zusammen – das eigentliche Geschmacksurteil fällt aber die Nase. Bei jedem Bissen, jedem Schluck gelangen Duftmoleküle in die Nase. Bei einem guten Rotwein filtert die Riechschleimhaut ca. 700 Einzelkomponenten aus der Duftwolke heraus. Um die Duftstoffe freizusetzen, schwenkt man den Wein im Glas.

Der Genuss kann gesteigert werden durch Hintergrundwissen (welche Sorte? welcher Jahrgang? Herkunft? usw.), wenngleich der individuelle Geschmackseindruck vorrangig bleiben sollte.

Auch die Präsentation (Gläser und Karaffen) spielt eine Rolle: Das Auge trinkt mit. Man sollte allerdings das rechte Maß einhalten. Ein trinkbereiter Wein ohne Depot braucht nicht dekantiert zu werden, ein Wein mit Schraubverschluss (wie es ihn zum Beispiel auch für hochwertige Schweizer Weine gibt), braucht nicht auf einen Korkgeschmack geprüft zu werden.

Der höchste Genuss aber entsteht durch die richtige Kombination von Speise und Wein, wenn sich die Geschmacksqualitäten ergänzen. Allerdings kann er durch unpassende Speisen auch empfindlich gestört werden. Der Wein darf für eine leichte Speise nicht zu aromatisch oder zu schwer, für eine Speise mit süßem Geschmack nicht zu sauer und für eine gewichtige Speise nicht zu leicht sein.
Tipp: Bei der Weinauswahl die Zutaten der Speisen beachten!

Gläser mit Sti(e)l

Gläser sollten so schlicht wie möglich – aber elegant, hochstielig und dünnwandig sein. Die Grundausstattung: Sektglas, Weiß- und Rotweinglas und Dessertweinglas.

Sektglas

Für das Sektglas empfiehlt sich ein Kelch, keine Schale. So bleiben der Duft und die Perlage länger erhalten.

Weißweinglas

Das Weißweinglas hat einen kleineren Kelch als das Rotweinglas, damit der Wein nicht zu lange im Glas bleibt, und einen langen Stiel, damit die Hand nicht das Glas berührt. Beides soll verhindern, dass der Wein lauwarm wird.

Rotweinglas

Beim Rotweinglas sollte der Kelch groß genug sein, damit genügend Oberfläche für die Berührung des Weines mit der Luft vorhanden ist. Wenn es sich oben verjüngt, bleibt der Duft länger im Glas.

Dessertweinglas

Dessertweine serviert man in kleinen Mengen und damit in kleinen Gläsern. Für den Digestif sollte man bei Cognac oder Armagnac ein Schwenkglas, für Grappa oder Obstwasser ein schmaleres, kleines Glas anbieten.

Dekantieren oder nicht?

Es gibt zwei Gründe, einen Wein zu dekantieren: Man will ihm Sauerstoff zuführen, damit ein noch zu junger Wein »altert« und damit milder wird, oder man muss ein Depot entfernen. – Will man den Wein altern, kommt es auf den Zeitpunkt des Dekantierens an. Bei einem 10 Jahre alten Barolo ist da schon mal ein ganzer Tag angesagt, bei einem gleichaltrigen Chianti können 4 bis 5 Stunden reichen. Eine halbe Stunde vor dem Verkosten öffnen ist immer angebracht. Das heißt, es sollten wenigstens zwei (schöne!) Karaffen vorhanden sein. Vor dem Dekantieren sollte ein kleiner Probeschluck Hinweis auf den Zustand des Weines geben. Hat man den Eindruck, dass der Wein schon »fertig« ist, könnte die Luft-Alterung eher schaden. In diesem Fall verschließt man ihn wieder mit dem Korken. – Muss man ein Depot entfernen, so sollte der Wein vor dem Dekantieren ungefähr eine Stunde aufrecht stehen, damit sich die Schwebstoffe und evtl. der Weinstein auch wirklich am Flaschenboden sammeln. Dann gießt man vorsichtig um, eventuell vor einer Kerze, leichter: vor einer Lampe in einer dunkleren Ecke der Küche.

Deckt man die Tafel mit allen Gläsern ein, die man während des Essens braucht, mag das zwar festlich aussehen, kann aber auch zu üppig wirken. Außerdem führt es oft zu Platzproblemen.
Tipp 1: Nur das Wasserglas und das jeweils vorgesehene Glas decken, die anderen aber griffbereit halten (also nicht beim dritten Gang umständlich aus der Glasvitrine holen).
Tipp 2: Die Gläser sollten beim Servieren Zimmertemperatur haben, also nicht zu kalt und nicht zu warm sein.

Für die Weinauswahl gibt es unendlich viele Möglichkeiten: Lokalpatriotismus, Vorlieben, ökologische Gesichtspunkte, vor allem auch der Geldbeutel spielen hier eine Rolle. Die Entscheidungen sind letztlich individuelle Lösungen und können das Gespräch der Tafelrunde beleben. Öko-Freaks bevorzugen zum Beispiel umweltschonend ausgebaute Weine und solche, deren Transportaufwand nicht umweltbelastend ist. Das Argument wird diejenigen nicht beeindrucken, die zum Beispiel ihren Urlaub in Australien verbracht haben und die Vielfalt der dortigen Weine vorstellen wollen.
Mit etwas Experimentierfreude kann man über die in diesem Buch gemachten Vorschläge hinausgehen und zum Beispiel ein Menü mit Weinen eines einzigen Landes anbieten. Man kann auch zu jedem Gang einen Wein aus einem anderen Land reichen.

Die Choreografie der Abfolge

Ganz am Anfang kann als Aperitif etwas Spritziges (ein Sekt, Champagner oder Cremant) oder auch ein gut gekühlter Likör stehen – oder eine Mischung aus beiden, hier kann experimentiert werden. Die Mischung sollte nicht zu hochprozentig sein, da die Gäste ja noch keine Speisen-Grundlage gelegt haben. Möglich sind auch ein trockener Sherry, ein gut gekühlter Muskateller oder (Gewürz-) Traminer.

Weißwein zu weißem, Rotwein zu dunklem Fleisch? Die alte Regel ist zwar nicht falsch, aber keinesfalls absolut zu setzen. Ist das Chili-Huhn kräftig gewürzt, so kann ein Rosé oder leichter Rotwein angebracht sein, das Gleiche gilt z. B. für manche Fischgerichte. Andererseits kann ein kräftiger Weißwein auch zu einem leichten Wildgericht passen.

Die Weinfolge sollte leicht beginnen und auf einen Höhepunkt beim Hauptgang hinsteuern. Prinzipiell gilt: Man geht von alkoholärmeren (10–11 %) zu alkoholstärkeren Weinen (12–13 %), von geschmacklich leichteren zu extraktreicheren, von preiswerteren zu teureren Weinen über. Jeder Wein müsste zum vorhergehenden eine Steigerung bringen. Den Glanzpunkt – oder die Glanzpunkte – bringt man nicht am Anfang, aber auch nicht erst dann, wenn die Aufnahmefähigkeit der Runde an ihre Grenzen stößt. Allerdings kann man nach einem großen Wein kaum mehr einen »kleinen« bringen, zumindest nicht aus derselben Sorte. Wenn also noch ein Wein

angeboten werden soll, dann einen mit einer neuen Geschmacksrichtung. Dazwischen sollte immer auch reichlich Wasser gereicht werden!

Die Qual der Wahl

Man kann während des gesamten Menüs bei einem einzigen Wein bleiben – ein großes Ereignis wird das jedoch nicht werden. Der Idealfall ist: für jede Speise den passenden Wein! Wenn wenigstens vier Personen beisammen sind, lässt sich das schon machen, vorausgesetzt, man stellt auch halbleere Flaschen weg, wenn der neue Gang auf den Tisch kommt. Bei sechs Personen ist das meist nicht nötig, wenn zwischen den Gängen etwas Zeit bleibt, was dem Nachklingen des Geschmacks – aber auch dem Gespräch – ohnehin zugute kommt. Bei acht Personen wird eine Flasche pro Gang ausreichen, wenn die Runde mittelmäßig trinkfreudig ist. Dennoch ist es manchmal besser, von der einen oder anderen Flasche vorsorglich eine zweite bereitzustellen.
Tipp: Auf jeden Fall alle Flaschen aufrecht stellen, damit mögliche Schwebstoffe nach unten sinken.

Den Abschluss kann ein Dessertwein, aber auch – oder zusätzlich – ein Digestif (Fernet, Cognac, Grappa usw.) bilden. Danach ist ein türkischer Mokka (im Kännchen aufgebrüht) oder ein italienischer Espresso (aus der Maschine) nicht zu verachten.

Trinkt man nach dem Essen weiter bietet man den Gästen Alternativen an. In der Regel wird ein mittelschwerer samtiger Rotwein das Richtige sein. Man kann aber auch auf einen leichten »Zech-Weißwein« umsteigen. Ein hochwertiger Lagen-Burgunder oder ein hochprozentiger Amarone (mit ca. 15 %) eignen sich nur dann, wenn man weiß, dass die Gäste nur noch wenig genießen wollen.

Ein Menü ohne Wein?

Nicht alle dürfen, können oder wollen Wein trinken. Zwar ist je nach Speisenfolge und Länge des Menüs, je nach Körperfülle, Gewohnheit usw. der messbare Alkoholgehalt individuell unterschiedlich (wohlbeleibte Männer haben hier Hausvorteile), doch sollte gelten: Wer fährt, trinkt nicht... Für den Verzicht gibt es den üblichen Ausweg: Mineralwasser. Man kann es aufwerten, indem man das Wasser in einer Karaffe und in speziellen Gläsern anbietet. Varianten ergeben sich, wenn man herbe Säfte und alkoholfreies Bier (verschiedene Sorten!) mit einbezieht. Einen vollwertigen Ersatz können Grüntees bilden! Es gibt einige Grüntees, die geschmacklich sehr interessant sind (z.B. Gunpowder, Pai Mu Tan) und ähnlich wie Wein die Speisen passend ergänzen können. Statt des obligatorischen Verdauungsschnapses kann am Ende ein mit Chili geschärfter Tomatensaft oder ein (herber) Limonentee stehen.

Eine Anregung für ganz besondere Einladungen:

Kochen Sie nicht für Ihre Freunde, sondern kochen Sie mit Ihren Freunden!

Es gibt viele Möglichkeiten zur Gestaltung eines solchen Abends:

Der oder die Gastgeber können beispielsweise ein Menü entwerfen, alle benötigten Zutaten besorgen und die Vorbereitungen erledigen, die Zeit erfordern und/oder aufwendig sind. Gekocht wird jeweils in Zweiergruppen. Jede Gruppe erhält einen Umschlag mit Rezept und Erläuterungen zum Gericht. Die Umschläge können als »Los« gezogen werden oder Sie als Gastgeber überlegen sich schon im Voraus, wer mit welchem Menügang betraut werden soll. Der Gastgeber führt die Gruppe in die Küche, gibt kurze Erläuterungen zur Küchentechnik und präsentiert die für das Rezept benötigten Zutaten. Geben Sie eine Zeit vor, die maximal bis zum Servieren des Gerichts zur Verfügung stehen soll. Das erhöht Spaß und Spannung. Nach dem letzten Gang werden die Tagessieger ermittelt. Dafür können Sie kleine Beurteilungsbögen mit Beurteilungskriterien wie Geschmack, Dekoration usw. entwerfen. Gut bewährt haben sich die asiatische und die italienische Küche.

Eine weitere Variante einen solchen Abend zu gestalten ist es, den Freunden lediglich die Produkte ohne entsprechendes Rezept zu präsentieren und es der jeweiligen Begabung und Phantasie zu überlassen, welche kulinarischen Genüsse aus den Markteinkäufen entstehen. Oft werden verborgene Talente geweckt und aus bisherigen »Kochmuffeln« begeisterte Mitglieder der kochenden Zunft.

Prinzipiell eignet sich jede Küchenrichtung für Ihre Kochparty.

Anhang

Basmati-Reisplätzchen

Vorbereitung: *15 Minuten*
Zubereitung: *20 Minuten*

Das brauchen Sie:
100 g Basmati-Reis
1 EL Soja-Öl
1 EL Butter
1 Schalotte, in feine Würfel geschnitten
1 EL Reisessig oder Obstessig
200 ml Wasser
1 EL Sonnenblumen- oder Pinienkerne
Meersalz
1 Ei
Öl zum Ausbacken der Plätzchen

So wirds gemacht:
Den Basmati-Reis in einem Topf zusammen mit dem Soja-Öl 1 Minute unter ständigem Rühren mit dem Holzlöffel hell anrösten. Schalottenwürfel zufügen. Zuerst den Essig, dann das Wasser angießen, Butter und etwas Meersalz zufügen, durchrühren, aufkochen und zugedeckt am Herdrand in ca. 10 Minuten gar ziehen lassen. Wenn der Reis auf ca. 70 °C abgekühlt ist, das Ei und die Sonnenblumen- oder Pinienkerne untermengen. Mit Hilfe eines Esslöffels kleine Kleckse von der Reisteig-Plätzchen-Masse abnehmen und in eine Pfanne mit wenig Öl setzen, Plätzchen flach drücken und pro Seite bei mittlerer Hitze ca. 1–2 Minuten backen.

Worauf Sie besonders achten sollten:
Die Garzeiten und die zum Garen benötigte Wassermenge können bei Basmati-Reis sehr unterschiedlich sein. Bitte beachten Sie die Hinweise auf der Verpackung. In Bioläden und Reformhäusern gibt es auch Vollkorn-Basmati-Reis zu kaufen, der noch aromatischer ist.

Maispolenta

Vorbereitung: *15 Minuten*
Zubereitung: *30 Minuten ohne die Ruhezeit*

Das brauchen Sie:
1,5 l Gemüse-, Geflügel- oder Rinderbrühe
20 g Butter
Salz
Pfeffer aus der Mühle
Muskatnuss, frisch gerieben
300 g Maisgrieß
geklärte Butter zum Braten

So wirds gemacht:
Die Brühe mit der Butter und den Gewürzen aufkochen. Den Maisgrieß einrühren und unter gelegentlichem Rühren bei schwacher Hitze (beim Elektroherd bei ausgeschalteter Platte) ausquellen lassen. Den Maisbrei auf ein gefettetes Blech mit Rand streichen, erkalten und möglichst einen Tag ruhen lassen. Die Polenta in Stücke schneiden oder mit Keksausstechern beliebige dekorative Formen ausstechen. In geklärter Butter (siehe S. 70) leicht bräunen.

Tipp:
Maispolenta passt als Beilage zu Gemüse, Fleisch- und Geflügelgerichten. Sie kann auch als Gratin serviert werden, wenn man die Polentastücke mit Butterflocken und geriebenem Käse bestreut und kurz überbäckt. Polenta aus Vollkornmehl ist übrigens ungleich gehaltvoller und schmackhafter als aus Maismehl, dem bereits das Öl ausgepresst wurde.

Kartoffelgratin

Vorbereitung: *25 Minuten*
Zubereitung: *65 Minuten (mit Überbacken)*

Das brauchen Sie:
1 kg fest kochende Kartoffeln
zerlassene Butter für die Form
⅛ l Rinderbrühe
⅛ l Sahne
Salz
Pfeffer
Muskat
1 Bund gehackte Petersilie
1 Bund Schnittlauch, in Röllchen
200 g geriebenen Käse
(z.B. Gouda, Emmentaler, Gruyère)

So wirds gemacht:
Die Kartoffeln schälen und in dünne Scheiben schneiden (Bio-Kartoffeln gerne auch mit Schale verwenden). Eine Gratinform mit Butter auspinseln. Die Rinderbrühe und die Sahne aufkochen. Mit Salz, Pfeffer und Muskat würzen. Zum Schluss die Kräuter einrühren.
Die Hälfte der Kartoffeln schuppenartig in die Form schichten, mit der Hälfte des Käses bestreuen und mit der Hälfte der Kräutersahne begießen. Auf die gleiche Weise eine zweite Lage einschichten.
Im vorgeheizten Ofen bei 200 °C ca. 45 Minuten backen. Wenn statt roher gekochte Kartoffeln verwendet werden, verkürzt sich die Garzeit auf ca. 30 Minuten.

Tipp:
Für das klassische »Gratin Dauphinois« die Form mit einer halbierten Knoblauchzehe ausreiben, für den Guss halb Milch, halb Sahne verwenden und die Kräuter weglassen.

Semmelknödel aus der Röhre

Vorbereitung: *20 Minuten*
Zubereitung: *45 Minuten*

Das brauchen Sie:
400 g altbackenes Baguette oder Brötchen
1 kleine Zwiebel, in feine Würfel geschnitten
¼ l Milch
50 g Butter
3 EL Mehl
1 kleinen Bund Petersilie, gehackt
1 Prise Muskatnuss, frisch gerieben
Meersalz
Pfeffer aus der Mühle
2 Eier
Butter zum Einfetten der Backform

So wirds gemacht:
Baguette oder Brötchen in gleichmäßig große Würfel schneiden und in eine große Schüssel geben. Die Milch zusammen mit den Zwiebelwürfeln und der Butter aufkochen. Mit Salz, Pfeffer und Muskatnuss abschmecken. Das Mehl und die gehackte Petersilie unter die Brotwürfel heben. Nun die auf ca. 70 °C heruntergekühlte Milchmischung über die Brotwürfel gießen, vorsichtig vermengen, die Eier zufügen, nochmals durchheben und abgedeckt 15 Minuten ziehen lassen. Zur Fertigstellung mit angefeuchteten Händen kleine Knödel in Golfballgröße formen und in eine ausgebutterte feuerfeste Form setzen. Im auf 200 °C vorgeheizten Backofen in 10–12 Minuten garen.

Worauf Sie besonders achten sollten:
Die Knödel ohne festen Druck formen und bei der Herstellung der Knödelmasse ebenfalls sehr vorsichtig arbeiten, damit die einzelnen Brotwürfelchen erkennbar bleiben.

Nudelteig-Grundrezept: zur Herstellung von hausgemachten Nudeln, Lasagne oder Ravioli

Vorbereitung: *15 Minuten (ohne die Zeit zum Ruhenlassen des Teiges)*
Zubereitung: *15 Minuten*

Das brauchen Sie:
250 g Weizenmehl (Typ 405), evtl. auch Vollkornmehl
250 g Hartweizengrieß oder Vollkorngrieß
5 Eier
1 TL Meersalz
2 EL Olivenöl
evtl. 5–10 EL Wasser

So wirds gemacht:
In einer Schüssel das Mehl mit dem Hartweizengrieß vermengen und in die Mitte eine Vertiefung machen. In diese Vertiefung Eier, Salz, Olivenöl und evtl. etwas Wasser (je nach Mehlbeschaffenheit) geben und miteinander vermengen. (Vollkornmehl und Vollkorngrieß nehmen deutlich mehr Wasser auf als herkömmliches Mehl und Grieß.) Nun langsam mit einem Holzspachtel das Mehl und den Grieß unter die Flüssigkeit arbeiten. Zum Schluss von Hand verkneten, so dass ein sehr fester, glatter Teig entsteht. Diesen in Frischhaltefolie einschlagen und bei Zimmertemperatur 1–2 Stunden ruhen lassen.

Dem Nudelteig können beliebige Aromen beigefügt werden, z. B. fein gehackte Kräuter, pürierter Spinat, Pilze (getrocknet und zerrieben), Safran, Tomatenmark (vorher abgesäuert, d.h. ohne Flüssigkeit kurz erhitzt), Rote Beete (püriert).

Zur Herstellung von Bandnudeln Nudelteig in Portionen teilen und auf einer bemehlten Arbeitsfläche dünn ausrollen (oder Teig mehrmals durch die Nudelmaschine rollen). Teigfladen zu einer Roulade aufrollen und in ca. 1 cm breite Streifen schneiden (oder mit Hilfe der Nudelmaschine schneiden). Die Nudeln in stark kochendem Salzwasser 3 Minuten abkochen, in einem Sieb abtropfen lassen, nicht abschrecken. Mit wenig Butter (evtl. Trüffelbutter) oder Öl kurz in einer Pfanne durchschwenken oder sofort nach dem Abtropfen servieren.

Ratatouille

Vorbereitung: *15 Minuten*
Zubereitung: *10 Minuten*

Das brauchen Sie:
4 EL Olivenöl
1 Aubergine
1 grüne Paprika
1 rote Paprika
2 Schalotten, in feine Würfel geschnitten
2 Knoblauchzehen, in feine Würfel geschnitten
2 Thymianzweige, abgestreift, oder 1 Rosmarinzweig, abgestreift und fein gehackt
2 mittelgroße Tomaten
200 ml Rotwein
2 EL Balsamico-Essig
Meersalz, Pfeffer aus der Mühle
50 g Butter
1 TL Zucker

So wirds gemacht:
Alle Gemüse putzen, waschen und in gleich große Würfel schneiden. Tomaten häuten, entkernen und ebenfalls würfeln. Eine Sauteuse oder einen Topf vorheizen, das Olivenöl darin erhitzen. Alle Gemüse bis auf die Tomaten 1–2 Minuten unter ständigem Rühren bei starker Hitze anbraten. Thymian, Schalotten- und Knoblauchwürfel zufügen, für eine Minute mitanbraten. Balsamico-Essig, Rotwein, Tomatenwürfel, Butter und Zucker mit in die Sauteuse geben. Ratatouille unter ständigem Rühren in 4–5 Minuten bissfest garen. Mit Salz und Pfeffer abschmecken und servieren.
Verwenden Sie in jedem Fall einen guten Essig. Falls Sie keinen Balsamico-Essig zur Verfügung haben, tuts auch ein milder Rotweinessig. Die Gemüsewürfel unbedingt zunächst wie im Rezept angegeben anbraten, damit sich Röststoffe bilden. Ein bloßes Garen in Flüssigkeit bringt nicht das erwünschte Aroma.

Geflügelfond

Vorbereitung: *30 Minuten*
Zubereitung: *2 bis 3 Stunden*

Das brauchen Sie:
50 ml Pflanzenöl
2–3 kg Karkassen und Parüren von Geflügel, die Knochen grob gehackt
4 Möhren, 1 kleine Sellerieknolle
1 Stange Bleichsellerie
2 Stangen Lauch
1 Bund Frühlingszwiebeln
200 g Pilzabschnitte, z. B. von Champignons, Austernpilzen
2 EL Tomatenmark
2 × ½ l Weißwein
1 Bund Petersilie, 1 Lorbeerblatt
10 Pfefferkörner, 2 Nelken
5 Wacholderbeeren

So wirds gemacht:
Das Öl in einem großen Topf erhitzen und die Geflügelteile unter Rühren darin anrösten. Das Gemüse putzen, waschen und klein schneiden. Zu den Geflügelteilen geben und mitrösten. Das Tomatenmark zugeben, 2–3 Minuten mitanrösten, damit die Säure entweichen kann, und mit Wein ablöschen. Reduzieren, bis die Flüssigkeit verdampft ist.
Mit der zweiten Hälfte des Weins ablöschen und erneut verdampfen lassen. Anschließend mit Wasser auffüllen, bis Knochen und Gemüse bedeckt sind. Nicht mehr umrühren!
30 Minuten vor Ende der Kochzeit Petersilie, Lorbeerblatt und Pfefferkörner zugeben. Abseihen und durch ein Tuch passieren. Über Nacht kalt stellen, dann entfetten.

Tipp:
Kalbsfond nach derselben Methode zubereiten.

Fischfond

Vorbereitung: *20 Minuten*
Zubereitung: *30 Minuten*

Das brauchen Sie:
2 kg Gerippe und Köpfe von Plattfischen (möglichst Steinbutt, Seezunge, Zander, Hecht. Lachs hat ein stark ausgeprägtes Eigenaroma, daher nur zusammen mit anderen Fischgräten verwenden!)
2 Möhren
2 Stangen Lauch
250 g Sellerieknolle
1 kleine Staude Bleichsellerie
2 Knollen Fenchel
1 Bund Dill
1 Zweig Thymian
1 l trockenen Weißwein
¼ l Noilly Prat – trockenen Vermouth
1 TL grobes Meersalz
10 weiße Pfefferkörner

So wirds gemacht:
Die Fischteile unter fließendem Wasser abspülen, mit kaltem Wasser bedeckt aufsetzen und aufkochen. Den dabei aufsteigenden Schaum abschöpfen.
Das Gemüse putzen, waschen, in mittelgroße Würfel schneiden und zum Fisch geben. Noilly Prat, Weißwein, Salz und Pfeffer zufügen und 20 Minuten köcheln lassen, abseihen und durch ein Tuch filtern.

Tipp:
Der Fond schmeckt etwas intensiver, wenn die Gräten in Öl vorsichtig angeröstet werden. Anschließend wie vorher beschrieben mit Wein und Wasser auffüllen.

Geklärte Butter

So wirds gemacht:
Butter erwärmen, bis sich das Butterfett von der Molke trennt. Butterfett ohne die Molke abgießen. Geklärte Butter verträgt deutlich höhere Temperaturen als ungeklärte Butter und ist daher auch zum Braten geeignet.

Mehlbutter

Ein ideales Mittel zum Binden von Suppen und Saucen. Die Mehlbutter löst sich klumpenfrei auf und ist fein dosierbar. Im Kühlschrank ca. 1 Woche lagerfähig.

So wirds gemacht:
Mehl und Butter zu gleichen Volumenanteilen bei Zimmertemperatur in einer Schüssel mit der Gabel verkneten.

Sauteuse

Eine Sauteuse ist das ideale Kochgeschirr zur Saucenherstellung. Das häufig notwendige Einreduzieren von Saucen jeglicher Art fällt in einer Sauteuse leichter als in herkömmlichen Töpfen, da der aufsteigende Dampf durch die sich weitende Öffnung einer Sauteuse nicht an den Topfwänden kondensiert, sondern ungehindert entweichen kann. Der Thermoboden sorgt für eine gleichmäßige Hitzeverteilung und beugt raschem Anbrennen vor. Sauteusen werden von vielen namhaften Herstellern angeboten und sind aus Edelstahl gefertigt.

Die Geschichte der 80°C – die Tiefgarmethode

Die altenglische Tiefgarmethode ist auf die Versuche des britisch-amerikanischen Physikers, Offiziers und Philanthropen Count Rumford (1753–1814) zurückzuführen.

Beim heißen Anbraten schließen sich die Poren des Fleisches sofort. Durch den Hitzeschock zieht sich der Fleischsaft in das Innere zurück. Lässt man es anschließend stehen, kann sich das Fleisch wieder entspannen. Der Saft zirkuliert im ganzen Stück und verteilt sich gleichmäßig, während das Fleisch leicht weitergart. Voraussetzung dafür ist, dass die Ofentemperatur unter 90 °C und über 56 °C liegt, das ist die Temperatur, bei der das Eiweiß zu gerinnen beginnt. Als guter Mittelwert haben sich 80 °C ergeben.

Die 80°C-Methode lässt sich besonders gut anwenden bei großen Fleischstücken, die nicht durchgebraten werden, wie Rinderfilets, Entrecôtes, Lammkeulen, Rehrücken, Rehschlegel, Ente oder Gans, d.h. für kostbares Fleisch, das sich oft nur schwierig auf den richtigen Punkt garen lässt. Dabei ist die Tiefgarmethode fast so etwas wie eine Garantie für perfektes Braten, allerdings sollte die Temperatur des Backofens genau stimmen.

Je stärker das Fleisch gegart sein soll, desto länger sollte es angebraten werden. Es handelt sich aber immer nur um Minuten. Danach kann das Fleisch in den Ofen geschoben und praktisch »vergessen« werden, eine Viertelstunde mehr oder weniger spielt keine Rolle. Kleinere Stücke wie Entenbrüste werden scharf angebraten und nach der gleichen Methode für mindestens 40 Minuten auf dem Backblech in den Ofen gegeben. Es ist nicht ratsam, das Fleisch mit Folie abzudecken, da sich die Temperatur sonst staut.

Ein spezielles Kochgeschirr ist nicht nötig, man kann das entsprechende Fleischstück auf ein Backblech oder den Gitterrost legen (Tropfschale unterschieben) und in den Ofen geben.

Als Grundregel für das Arbeiten mit der Tiefgarmethode hat sich bewährt: Für etwa ein Drittel der bisher üblichen Garzeit verbleibt das Fleisch bei 200 °C im Ofen, die restlichen zwei Drittel multiplizieren Sie mit drei und lassen das Fleisch während dieser Zeit bei ca. 80 °C sanft garen.

Beispiele:
Ein Rinderfilet von ca. 200 g haben Sie bisher nach dem Würzen in der Pfanne scharf angebraten und anschließend im Ofen bei 200 °C in 15 Minuten medium gegart. Bei Anwendung der Tiefgarmethode gehen Sie wie folgt vor: Das Rinderfilet wird wie üblich gewürzt, in der Pfanne scharf angebraten und anschließend für 5 Minuten bei 200 °C im Ofen gegart. Dann lassen Sie den Ofen auf 80 °C herunterkühlen und geben das Rinderfilet für weitere 30 Minuten zurück in die Röhre, um es sanft auf den optimalen Garpunkt zu bringen.

Ein größeres Bratenstück von ca. 2 kg verblieb bei der bisherigen Methode nach dem Anbraten für 2–3 Stunden in der Röhre. Bei Anwendung der Tiefgarmethode stellen Sie Ihr Backofenthermostat nach 30 Minuten auf 80°C ein und lassen das Bratenstück für weitere 4–6 Stunden sanft garen.

Text- und Bildnachweise

Die Autoren und ihre Beiträge:
Prof. Siegfried Buck, Autor zahlreicher Kinder-, Schul- und Jugendbücher, Gourmet und Weinkenner, Freiburg: Seiten 25, 36, 44, 57, 58 – 61; ***Dr. Monika Prinzessin zu Erbach-Schönberg,*** Managementberatung für Kommunikation und Umgangsformen, Frankfurt am Main: S. 7, 9 – 13, 21, 28, 42; ***Barbara Eppelsheimer,*** Ernährungs- und Naturkostberaterin, Reichelsheim: S. 15, 23, 31, 33; ***Erich Kasberger,*** Journalist und Kabarettist bei »Die 4 Saitenspringer«, München: S. 45 – 47; ***Dr. Petra Kühne,*** Ernährungswissenschaftlerin, Frankfurt am Main: S. 23; ***Olivia Moogk,*** Feng-Shui-Beratung und –Ausbildung, Wiesbaden: S. 26–27, 48.

Außer den Rezepten stellte ***Klaus-Werner Wagner*** noch folgende Texte zusammen: Seite 14, 16 und den Anhang auf den Seiten 63 – 71.

Grafische Gestaltung:
Peter Beckhaus, Mainz: Vor- und Nachsatz; Seiten 6–10, 14–27, 37–44, 62–72 und 5 Einlegekarten.
Stefanie Mayr, Donauwörth: Seiten 1–4, 11–13, 28–36, 45–61; 3 Einlegekarten sowie alle Digitalfoto-Aufnahmen.
Gestaltung des Umschlags:
Eva Schindler, Ebersberg.
Titelbilder:
Ulrike Schneiders
Kunstbilder:
Seite 6: ***Burgundisches Festmahl.*** Miniatur aus einer französischen Handschrift, um 1470. Orig.: Kunstbibliothek Preußischer Kulturbesitz, Berlin; S. 12: ***Bauernhochzeit.*** Gemälde von Pieter Breughel d. Ä., um 1568. Öl auf Holz. Orig.: Wien, Kunsthistorisches Museum; S. 45: Mozart, Wolfgang Amadeus, Komponist, 1756–1791. – ***Teegesellschaft beim Prinzen Conti im Vierspiegelsaal des Temple in Paris mit dem jungen Mozart am Flügel.*** Gemälde, 1766, von Michel Barthelemy Olivier (ca. 1712–1784), Versailles, Museum.

Foto: Riedel-Glas

's hat mer gut geschmeckt,
ich hab mer 's Maul geleckt.

Aus Hessen

Früh
lingsröllc
hen mit Tofu
Sprossen-Füllung
an Soja-Rettich-Sauce ·
Sülze von Frühlingsgemüsen
mit Brennnessel-Vinaigrette ·
Fritierte Ricotta-Ravioli · Kalbsrücken
mit roter Schalottensauce und Mandelbroc
coli · Pochierte Schwarzkirschen mit Pumper
nickeleis · Frühlingsröllchen mit Tofu Sprossen-Fül
lung an Soja-Rettich-Sauce · Sülze von Frühlingsgemüsen
mit Brennnessel-Vinaigrette · Fritierte Ricotta-Ravioli · Kalbs
rücken mit roter Schalottensauce und Mandelbroccoli · Pochierte
Schwarzkirschen mit Pumpernickeleis · Frühlingsröllchen mit Tofu-
Sprossen-Füllung an Soja-Rettich-Sauce · Sülze von Frühlingsgemüsen mit
Brennnessel-Vinaigrette · Fritierte Ricotta-Ravioli · Kalbsrücken mit roter Schalot
tensauce und Mandelbroccoli · Pochierte Schwarzkirschen mit Pumpernickeleis · Früh
lingsröllchen mit Tofu-Sprossen-Füllung an Soja-Rettich-Sauce · Sülze von Frühlingsgemüsen
mit Brennnessel-Vinaigrette · Fritierte Ricotta-Ravioli · Kalbsrücken mit roter Schalottensau
ce und Mandelbroccoli · Pochierte Schwarzkirschen mit Pumpernickeleis · Frühlingsröll
chen mit Tofu Sprossen-Füllung an Soja-Rettich-Sauce · Sülze von Frühlingsgemüsen
mit Brennnessel-Vinaigrette · Fritierte Ricotta-Ravioli · Kalbsrücken mit roter
Schalottensauce und Mandelbroccoli · Pochierte Schwarzkirschen mit Pum
pernickeleis · Frühlingsröllchen mit Tofu-Sprossen-Füllung an Soja-
Rettich-Sauce · Sülze von Frühlingsgemüsen mit Brennnessel-Vi
naigrette · Fritierte Ricotta-Ravioli · Kalbsrücken mit roter
Schalottensauce und Mandelbrocco li · Pochierte Schw
arzkirschen mit Pumpernickeleis · Frühlingsröll
chen mit Tofu Sprossen-Füllung an Soja-Ret
tich-Sauce · Sülze von Frühlingsgemüsen
mit Brennnessel-Vinaigrette · Fritie
rte Ricotta-Ravioli · Kalbsrück
en mit roter Schalottensau
ce und Mandelbrocco
li · Pochierte Sch
warzkirsche
n mit P
u